Wasser

Frank Müller

Wasser

Lebenselexier und Heilmittel

GONDROM

Der Autor

Frank Müller arbeitet als Journalist und Buchautor. Seine Schwerpunkte liegen unter anderem bei den Themen Wasser und Wellness, zu denen er bereits einige Bücher veröffentlichte.

Redaktion: Patrick Grootveldt, Corinna Hoch
Produktion: Medienprojekte München
Covergestaltung: Christine Retz
Titelbild: Steve Baxter/StockFood

Wichtiger Hinweis:
Die in diesem Buch enthaltenen Informationen sind kein Ersatz für eine ärztliche Diagnose oder Behandlung. Patienten mit andauernden Beschwerden oder Krankheitssymptomen wenden sich bitte an einen Arzt. Eine Haftung des Verlags und seiner Beauftragten für Personen-, Sach- und Vermögensschäden ist ausgeschlossen.

011

ISBN-10: 3-8112-2742-4
ISBN-13: 978-3-8112-2742-2

5 4 3 2 1

www.gondrom-verlag.de

Inhalt

Lebenselixier Wasser

H_2O: So einfach die chemische Formel auch ist – Wasser ist ein einzigartiges Lebenselixier. Erfahren Sie, welch erstaunliche Wege sich das Wasser durch die Natur und unseren Körper bahnt.

Das Wunder des Lebens ist auch das Wunder des Wassers

Wasser ist die Quelle des Lebens auf unserem »Blauen Planeten«. Und alles, was sich in der Folgezeit an Lebensformen aus diesem Ursprung entwickelt hat, blieb in dieser Abhängigkeit – über von Millionen von Jahren bis zum heutigen Tag. Egal, ob Pflanze, Tier oder Mensch, wir sind alle abhängig von einer Verbindung, die nicht nur eines der größten Wunder im Universum hervorgebracht hat, sondern allein für sich selbst betrachtet schon äußerst erstaunlich ist.

Erstaunliche physikalische Eigenschaften

Wasser besitzt physikalische Eigenschaften, die es wissenschaftlich betrachtet gar nicht haben dürfte. Es dehnt sich in gefrorenem Zustand aus, während sich alle anderen Verbindungen zusammenziehen. So kommt es dazu, dass Wasser seine größte Dichte nicht etwa im gefrorenen Zustand, sondern in flüssiger Form bei 4 °C hat. Würde sich Wasser in diesem Punkt wie alle anderen Substanzen verhalten, dann könnte Eis nicht auf dem Wasser schwimmen, sondern würde auf den Grund der Meere und Seen sinken. Eisschicht auf Eisschicht hätte sich in den Tiefen der Ozeane gestapelt, unerreichbar für die wärmenden Sonnenstrahlen. Unser Planet hätte sich zu einem Eisplaneten entwickelt, dessen oberste Schicht im Sommer zwar aufgetaut wäre, aber Leben wie wir es kennen, hätte nie entstehen können.

Eigenartig ist auch, dass Wasser bei 100 °C seinen Siedepunkt erreicht. Nach physikalischen Gesichtspunkten berechnet, müsste er aber bei –46 °C liegen. Auch auf solch einem Wasserdampf-Planeten wäre nie Leben wie das uns umgebende entstanden.

Eine Verbindung – drei Aggregatzustände

Ein weiterer Hinweis auf seine besondere Stellung zwischen den chemischen Verbindungen ist auch, dass Wasser die einzige Substanz ist, die in natürlicher Form in drei unterschiedlichen Aggregatzuständen vorkommt: flüssig als Wasser, fest als Eis und gasförmig als Dampf.

Einfache Formel – große Wirkung

So simpel die chemische Formel des Wassers H_2O auch klingen mag, seine wissenschaftlichen Besonderheiten bieten dem menschlichen Geist viel Raum für Spekulationen. Auch wegen dieser Fähigkeit: Die zwei Wasserstoffatome (H) stehen in einem Winkel von 104,5 Grad zum Sauerstoffatom (O). Der Wasserstoffanteil ist dabei eher positiv geladen und der Sauerstoffteil eher negativ, also magnetisch. Dadurch hat Wasser einen Dipol-Charakter.

Innen im Molekül befinden sich zwei elektromagnetische Pole. Wenn negativ geladene Elektronen aufgenommen oder abgegeben werden, sorgt dies für eine ständig wechselnde elektrische Spannung. An diesen beiden Enden können sich andere Moleküle festhalten. An ein positiv geladenes H-Teilchen bindet sich ein negatives Teilchen.

So können sich die Moleküle ständig neu verbinden und so genannte Cluster (Klumpen) bilden. Diese Cluster wiederum lagern sich zu Ketten, Netzen oder Brücken zusammen. Die Wasserstoffbrücken befinden sich in ständiger drehender Bewegung. In Bruchteilen von Sekunden bilden sie sich und zerfallen wieder, um sich dann wieder neu zu binden.

Die Kraft ihrer Anziehung ist dabei so gewaltig, dass viele andere Stoffe, die ihnen in den Weg kommen, gelöst oder aufgelöst werden. Diese Lösungskraft macht das Wasser für alles Leben so bedeutend. Mineralien, Spurenelemente, Vitamine – unser Stoffwechsel könnte ohne die Löslichkeit dieser Stoffe im Wasser nicht funktionieren.

Runde Tropfenbildung

Erstaunlich ist auch, dass Wasser sich teilweise der Erdanziehungskraft entzieht. Wassertropfen bilden eine Kugelform und nicht die Form eines Zapfens. Dadurch ist gewährleistet, dass jeder Wassertropfen den größtmöglichen Inhalt bei kleinster Oberfläche besitzt. Und der Inhalt dieses Tropfen kann ganz bemerkenswerte Spuren hinterlassen.

Kristalline Strukturen mit Erinnerungen

Fotografiert man zum Beispiel die Strömungsmuster, die sich in einer Wasserprobe bilden, wenn ein Wassertropfen hineinfällt, so zeigt Wasser aus einem Gebirgsbach oder einer Quelle ein völlig anderes Muster als aufbereitetes Stadtleitungswasser. Selbst wenn die Temperatur und die chemisch messbare Zusammensetzung zweier Messproben identisch sind, kann es unterschiedliche Strömungsmuster geben.

Vermutlich hängt das Muster davon ab, welche Vorgeschichte das Wasser hat. Wasser ist in der Lage, gewisse Eigenschaften unabhängig von seiner chemisch messbaren Zusammensetzung in sich zu bewahren und sogar weiterzugeben.

In chemischen Experimenten wurden unterschiedliche Proben von Quellwasser und Leitungswasser so stark mit destilliertem Wasser verdünnt (Verhältnis von $1:10^{50}$), dass es keine Chemikalien mehr enthielt. Anschließend wurde die Probe eingefärbt. Obwohl die beiden Proben chemisch betrachtet nur noch aus destilliertem Wasser bestanden, entstanden verschiedene Färbungen. Man könnte also sagen, dass das Wasser die Informationen seiner Vorgeschichte gespeichert hat.

Wunderheilungen durch Wasser?

In dieser Fähigkeit liegt offenbar auch der Grund, warum es Heilquellen und Heilwässer gibt. Eine rein chemische Betrachtung liefert keinen Grund dafür, dass diese Wässer eine Beschwerden lindernde oder sogar eine Krankheit heilende Wirkung besitzen. Aber: Sechs Millionen Menschen pilgern Jahr für Jahr ins französische Lourdes, damit auch sie durch das »heilige« Wasser ein gesundheitliches Wunder erleben. Über 6000 wissenschaftlich anerkannte, aber medizinisch nicht erklärbare »Wunderheilungen« sind bisher dokumentiert – ob es sich um Selbstheilungen handelt, sei einmal dahingestellt. Um in diese »Wunderliste« aufgenommen zu werden, bedarf es einer strengen offiziellen Prüfung: Die Spontanheilung gilt nur dann, wenn die ursprüngliche Erkrankung über mehrere Jahre hinweg nicht mehr auftritt.

Nicht messbar, aber wirksam

Wie das »Wasser-Gedächtnis« funktioniert, ist noch nicht geklärt. Offenbar handelt es sich um eine innere Ordnungsstruktur. Schließlich befindet sich flüssiges Wasser sozusagen auf halbem Weg zwischen perfekt geordneten Eiskristallen und ordnungslosem Dampf. Es ist wahrscheinlich, dass die gegenseitige Ausrichtung der Wasser-Cluster die Speicherung der »Informationen« bewirken.

Auch die gesundheitsfördernde Wirkung von Mineralwässern ist allem Anschein nach nicht allein auf darin gelöste Salze zurückzuführen. Viele nachweislich heilkräftige Quellen enthalten zu wenige Mineralien und Spurenelemente, um nach herkömmlicher Vorstellung überhaupt wirksam sein zu können.

Dieses über tausende Jahre gereifte Wasser besitzt offenbar »abgespeicherte« und besondere Eigenschaften, die zwar nicht messbar, aber wirksam sind.

Der Wasserstrom in unserem Körper

Ein erfrischendes Glas Wasser ist weit mehr als nur ein preiswerter Durstlöscher. Um so erstaunlicher ist es, dass die deutsche Sprache kein Wort für das Gegenteil von durstig kennt: »Ich bin hungrig.« – »Ich bin satt.« »Ich bin durstig.« – »Ich bin …«?

Im Deutschen kann das Gegenteil nur umschrieben werden: »Mein Durst ist gelöscht« oder »Ich bin nicht durstig.« Damit drückt sich bereits aus, dass wir ohne Wasser einfach nicht auskommen.

Es besteht ständiger Bedarf

Tatsächlich ist der Mensch aber auch in jeder Sekunde seines Lebens durstig, weil ununterbrochen Prozesse im Körper stattfinden, die Wasser unabdingbar machen. Den Menschen durchfließt ein permanenter Wasserstrom, der ernährt, Zellen erneuert und Altes abtransportiert.

Der Weg des Wassers durch den Körper

Der Weg des Wassers beginnt im Mund mit einem Schluck Wasser. Ist der Inhalt des Glases erst einmal über die Lippen gekommen, so zeigt er sofort Wirkung.

Auf seinem Weg über die Mundhöhle, den Rachen und die Speiseröhre in das Zentrum des Körpers befeuchtet das

Tatsachen über das Wasser

Wissenschaftlich erwiesene Fakten über Wasser sind:

- Richtiges Wassertrinken ist lebensnotwendig für alle Stoffwechselvorgänge.
- Richtiges Wassertrinken beugt Krankheiten vor und kann Beschwerden lindern.
- Richtiges Duschen und Baden stärken das Immunsystem und lindern Krankheitsbeschwerden.
- Richtiges Wassertrinken und »Wasser-Essen« ermöglichen erst die natürliche Abnahme von Körperfett.
- Richtige Wasser-Fitness und Wasser-Wellness bauen Kräfte auf und führen zu Tiefenentspannung.

Tatsache ist aber auch, dass diese ausschlaggebenden Wirkungen des Wassers auf den Menschen einen Aufruf zum Schutz und zum verantwortungsbewussten Umgang mit Wasser beinhalten. Denn es geht nicht nur um unsere Gesundheit, sondern auch um die aller zukünftigen Generationen. Ein Glas klares Wasser muss auch in Zukunft so gut schmecken wie heute.

Wasser nicht nur Zunge und Schleimhäute, sondern entfaltet auch seine reinigende Wirkung: Bakterien, Viren, Staubpartikel und noch vieles mehr wurden mitgenommen, damit dann im Magen die Magensäure ihre zersetzende Wirkung auf die unerwünschten »Besucher« ausüben kann.

Auf seinem Weg bringt das Wasser aber auch zahlreiche Nährstoffe mit die in der festen Nahrung »versteckt« sind und jetzt – vorverdaut durch Speichel und Magensaft – auf ihre Weiterleitung in den Dünndarm warten. Dort findet nun die Hauptverdauung dieser Nährstoffe statt.

Der Weg ins Blut

Im Dünndarm gibt die Leber Gallenflüssigkeit zu dem Nahrungsbrei. Weitere Säfte kommen von der Bauchspeicheldrüse und auch von der Darmwand selbst, um bei der Verflüssigung des Nahrungsbreis zu helfen. Der Darmtrakt benötigt sehr viel Wasser: nicht nur zur Verflüssigung, sondern vor allem zur Aufspaltung der Nahrung, damit der Körper die Inhaltsstoffe später auch verwerten kann. Selbst die unlöslichen Bestandteile der festen Nahrung (wie zum Beispiel Ballaststoffe) müssen mit Wasser verdünnt werden, damit sie weiter durch den Darm transportiert werden können.

Alles, was gelöst werden kann, tritt nun mit Hilfe des Wassers seinen Weg durch die Darmwand in die Blutbahn an. Dort wird das gewässerte und mit Nährstoffen angereichte Blut zur Leber geleitet, wo die Inhaltsstoffe weiter aufbereitet werden. Die nicht kleiner aufspaltbaren, verflüssigten Rückstände im Darm werden durch die ver-

Eine Menge Wasser

Im Schnitt gelangen 2,4 Liter Wasser pro Tag über den Mund in den Körper. Davon stammen 1,5 Liter aus Getränken, 0,9 Liter entzieht der Körper der festen Nahrung.

schiedenen Abschnitte weiterbewegt und allmählich verdichtet, um am Ende ausgeschieden zu werden. Diese Rückstände enthalten noch etwas von dem Wasser, mit dem die Nahrung verflüssigt wurde. Es dient quasi als »Gleitmittel«, das den Transport durch den Darm erleichtert.

Wichtig für den Blutdruck

Der Inhalt eines Glases voll Wasser zeigt ebenfalls eine sofortige Wirkung auf die Kraft, die das Blut durch das

Verstopfungen

Die letzten Abschnitte des Dünndarms und der größte Teil des Dickdarms dienen der Wasserregulation. Zum einen für den Eindickungsprozess, zum anderen aber auch, damit so viel Wasser in den Körper zurückgeführt wird, wie die anderen Gewebe benötigen. Je mehr Wasser der Körper braucht, weil zum Beispiel zu wenig getrunken wurde, desto entschiedener holt er sich das Wasser aus dem Darm. Zu diesem Zweck wird das Wasser aus den Rückständen förmlich herausgepresst, von der Schleimhaut des Dickdarms absorbiert und in die Blutbahn gelenkt.

Je größer der Wassermangel im Körper ist, umso langsamer sind die Darmbewegungen der unteren Darmabschnitte, damit genügend Zeit für die Rückresorbtion des Wassers bleibt. Dadurch wird der Ausscheidungsprozess nicht nur unangenehm verlängert, sondern der Kot wird immer härter. Neben schmerzhaften Koliken können so auch Hämorrhoiden und Polypen entstehen. Allein für eine gesunde Verdauung und den Stuhlgang benötigt der Körper täglich 0,2 Liter Wasser.

arterielle System des Körpers treibt – den Blutdruck. Er besteht aus zwei Komponenten: Der diastolische Wert ist die konstant vorhandene Kraft in den Arterien, die die Blutgefäße gefüllt und unter einem Basisdruck hält. Dieser niedrigere Wert liegt normalerweise zwischen 60 und 89 mmHg (= Millimeter Quecksilbersäule). Der systolische Blutdruck ist der steile Druckanstieg in den Arterien, der durch die Kontraktion der linken Herzhälfte hervorgerufen wird. Der Normalwert liegt hier zwischen 100 und 139 mmHg.

Der normale Blutdruck – diastolisch/systolisch – liegt demnach zwischen 60/100 mmHg und 89/139 mmHg. Die Differenz zwischen beiden Werten ist entscheidend: Strömt neues Blut in die Arterien, dann wird das schon vorhandene Blut regelrecht »aufgewirbelt«. Die schweren Bestandteile des Blutes können sich dadurch nicht absetzen und an der Arterienwand haften bleiben. Durch den Druck und die ständige »Aufwirbelung« wird das Blut zudem durch die winzigen Löcher in die feinen Kapillargefäße und auch in die Gebiete der Nieren gedrückt, wo es gereinigt wird. Der diastolische Druck sorgt hingegen »nur« dafür, dass alle Blutgefäße des Körpers konstant gefüllt sind.

Das Problem der Blutzirkulation wird deutlich, wenn der diastolische Druck gegenüber dem normalen Wert erheblich nach oben abweicht. Steigt er über den normalen Wert, muss das Herz gegen einen höheren Druck arbeiten, um das Blut in den Kreislauf zu pumpen. Dann droht eine Herzermüdung.

Eine »Herzensangelegenheit«

Wasser spielt also auch beim Herzen eine entscheidende Rolle. Die Blutgefäße sind so beschaffen, dass sie sich auf Schwankungen der Blutmenge und die Bedürfnisse des Gewebes, das sie versorgen, einstellen können. Sie verfügen über winzige Löcher oder Hohlräume, die sich öffnen und schließen, um die Blutmenge zu regulieren.

Verfügt der Körper über zu wenig Wasser, werden rund 65 Prozent des benötigten Wassers aus den Zellen gezogen, rund 25 Prozent aus dem näheren Umgebung der Zellen und ungefähr acht Prozent aus dem Blut selbst. Die Blutgefäße des Kreislaufsystems passen sich dem Verlust an, indem sie einfach ihre Größe verringern. Dadurch kommt es zu einem messbaren Anstieg der Spannung in den Arterien. Zunächst machen die kleinen Kapillaren dicht, später verringert sich auch der Durchmesser der größeren Blutgefäße. Die Folge ist Bluthochdruck.

Der Inhalt eines Glases Wasser kann also dazu beitragen, einen erhöhten Blutdruck zu verhindern.

Ohne Wasser keine Sauerstoffanreicherung

Gelangt das wässrige und nährstoffreiche Blut dann in die Lunge, zeigt sich auch hier, wie wichtig Wasser ist. Denn nur mit einem ausreichenden Wasseranteil kann das Blut überhaupt Sauerstoff speichern. Während der Atmung verdampft Wasser. Die Lungenbläschen, die so genannten Alveolen, sind allerdings sehr empfindlich. Sie sind darauf angewiesen, dass sie durchgehend befeuchtet werden.

Allein über die Atmung verliert der Mensch durchschnittlich 1,2 Liter Wasser pro Tag. Ein Teil des Verlustes wird aber durch die eingeatmete Luftfeuchtigkeit wieder ausgeglichen. Ist allerdings nicht genügend Wasser im Körper vorhanden, werden die Bronchien anfällig für Atemwegserkrankungen.

Gefahr durch Wassermangel

Um den permanenten Wasserstrom in unserem Körper aufrechtzuerhalten bedarf es der Kraft des Herzens. Seine Pumpleistung »wirbelt« das Blut so auf, dass es sich beständig durch den Körper bewegt. Verliert der Wasserhaushalt des Körpers nur zehn Prozent, drohen Herzinfarkt und Schlaganfall. Bei einem Verlust von über 20 Prozent droht Lebensgefahr.

Wassermangel und Asthma

Asthma ist eine chronische Form von Atemnot, die im Extremfall zum Ersticken führen kann. Asthma wird in der Regel mit Antihistaminika behandelt. Histamin ist ein Neurotransmitter (Botenstoff), der auch den Durstmechanismus reguliert. Bei Wassermangel steigen im Körper die Histaminproduktion und die damit verbundenen Aktivitäten an. Eine vermehrte Histaminausschüttung in der Lunge führt zu Verkrampfungen und Verengungen der Bronchien. Der Körper macht sich dies zunutze, um Wasser zurückzuhalten, das normalerweise während der Atmung verdampft.

Zu wenig Wasser in der Lunge gefährdet zudem das Lungengewebe. Die Lungenbläschen haben nur äußerst dünne Wände und sind deshalb besonders auf einen ausreichenden Wassergehalt angewiesen. Ständig strömt Luft durch die Bläschen und droht diese auszutrocknen. Histamin reduziert den Luftstrom in der Lunge und stimuliert die Produktion des zähflüssigen Schleims, der die Bronchien durch die Auskleidung ihrer Wände schützen soll, sie aber verstopft, wenn er im Übermaß gebildet wird.

Wasser für das Gehirn

Der Inhalt dieses einen Glases Wasser hat bisher das Blut verflüssigt, ihm Nährstoffe gebracht und dazu beigetragen, dass es mit Sauerstoff angereichert wurde. Mit der Kraft des Herzens wird nun ein weiteres lebenswichtiges Organ mit Blut versorgt: das Gehirn. Unglaubliche 1400 Liter Blut fließen pro Tag durch das durchschnittlich 1,4 Kilogramm schwere Organ hindurch. Zu fast 90 Prozent besteht es aus Wasser und ist dazu in einer wässrigen Gehirnflüssigkeit eingebettet. Alle anderen weichen Gewebe des Körpers bestehen nur zu 75 Prozent aus Wasser.

Das Gehirn reagiert extrem empfindlich auf die geringsten Wasserverluste. Müsste es längerfristig mit einem um ein Prozent reduzierten Wassergehalt auskommen, könnte es nicht mehr richtig funktionieren. Deshalb erhält das Gehirn etwa 20 Prozent des zirkulierenden Blutes, damit es mit allen lebensnotwendigen Substanzen versorgt wird – also auch mit Wasser.

Dabei besitzt das Gehirn einen höchst effektiven Schutz vor Schwankungen in der Zusammensetzung des Blutes: Die Wände der Gehirnkapillaren (kleinste Gefäße) haben nicht wie andere Kapillaren kleine Öffnungen, durch die Stoffe hindurchkommen können. Alles, was mit dem Blutstrom ins Gehirn gelangen soll, muss mithilfe hoch spezialisierter Mechanismen durch die Zellen »transportiert« werden, die die Kapillarwand auskleiden. Deshalb ist ein ausreichender Wasserhaushalt des Körpers und auch der damit verbundene Blutdruck von einer solch entscheidenden Bedeutung.

Auch Botenstoffe brauchen Wasser

Der besondere Schutz des Gehirns, seine ständige Versorgung mit Wasser, Sauerstoff und Nährstoffen ist auch nötig für die Bildung der Neurotransmitter. Hinter diesem Oberbegriff stehen alle Botenstoffe, die in einem der vielen Nervennetzwerke hergestellt und ausgeschüttet werden, um Informationen weiterzuleiten. Alle Körperfunktionen werden durch Botenstoffe geregelt – ohne Ausnahme. Eine Reihe von Aminosäuren (Bestandteile der Proteine, die wir mit der Nahrung aufnehmen) werden durch bestimmte Enzyme in den Zellen abgebaut. Aus den dabei gebildeten Nebenprodukten entstehen dann diese chemischen Botenstoffe.

Eine Vielzahl von solchen Botenstoffen ist der Medizin bekannt. Hierzu zählt auch Serotonin, das alle Körperfunktionen bis hin zur seelischen Stimmung kontrolliert. Depressive Menschen haben zum Beispiel einen niedrigen Serotoninspiegel. Botenstoffe sind aber auch Adrenalin und Noradrenalin, die ihre Wirkung bei Stress und deren körperlichen Symptomen zeigen, oder körpereigene Opiate zur Schmerzbekämpfung, wie Endorphine und Enkephaline.

Wassermangel und Allergien

Bei Wassermangel sorgt der Botenstoff Histamin dafür, dass das noch verfügbare Wasser im Körper je nach Bedarf verteilt wird. Es gibt histaminempfindliche weiße Blutkörperchen, die die Aktivität des Immunsystems im Knochenmark behindern. Gleichzeitig wird die Produktion von Antikörpern zur Abwehr körperfremder Stoffe wie Pollen und anderer Antigene, für deren Produktion Wasser dringend erforderlich ist, in einer Wassermangelsituation herabgesetzt. Die Folge in der Pollensaison ist, weil nicht genügend Antikörper vorhanden sind, dass es zu einer übermäßigen Histaminbildung kommt. Die Membranen der Augen und der Nase werden vermehrt mit Wasser versorgt. Die Augen tränen und die Nase läuft.

Wasser für die Zellen

Der Inhalt eines Glases Wasser hat bisher viele wichtige Körperfunktionen unterstützt oder erst ermöglicht. Seine Reise und seine Arbeit sind aber noch lange nicht beendet.

Rund 13 Milliarden Zellen des menschlichen Körpers, die sozusagen in Wasser gebettet sind, müssen regelmäßig versorgt werden. Auf seinem weiteren Weg durch den Körper transportiert das Wasser Sauerstoff hinein und ver-

Der Stoffwechsel der Körperzelle

Das Innere einer Körperzelle (Zytoplasma) besteht zu mindestens 75 Prozent aus Wasser. Darin sorgen bis zu 200 000 bakteriengroße Eiweißfabriken – die Ribosomen – für die Produktion stoffwechselaktiver Proteine. Dafür wird viel Energie gebraucht, die aus Glukose und Fettmolekülen gewonnen wird. Eine gesunde Zelle synthetisiert so einige Millionen Eiweißmoleküle täglich. Die Eiweißproduktion funktioniert aber nur dann gut, wenn alle dafür notwendigen Nährstoffe der Zelle zugefügt wurden. Und dies geschieht bei allen Stoffwechselvorgängen nur mit Hilfe von Wasser.

brauchte Gase hinaus. Alle Stoffe, die der Organismus braucht, bringt das Wasser mit. Diese werden in den Zellen umgebildet, verwandelt und neu geordnet. Darüber hinaus wird in jeder Körperzelle durch die verschiedenen Stoffwechselprozesse auch Wasser gebildet – bis zu 0,3 Liter am Tag.

Wasser erhält die Gelenke

Positiv wirkt Wasser auch auf die Gelenke, denn sie benötigen es als Gleitmittel. Schließlich bestehen die Gelenkknorpel zu fast 85 Prozent aus Wasser. Wassermangel zeigt sich beispielsweise durch Gelenkschmerzen. Im schlimmsten Fall kann es zu Entzündungen oder sogar Rheuma kommen, weil der Knorpel durch längerfristigen Wassermangel zu trocken wird. Dadurch verstärkt sich die Reibung und die Knorpel beginnen aneinander zu scheuern. Die Knorpelzellen bringen uns den Wassermangel in Form von Schmerzen in Erinnerung. Bei dauerhaft starker Gelenkreibung würden sich Zellen von ihren Kontakflächen an den Knochen lösen und absterben.

Das normale Milieu des Knorpels ist basisch. Bei Wassermangel und Entzündung wird es jedoch sauer und auf ein solches Milieu reagieren die Nervenenden dann mit Schmerzsignalen.

Wasser für die Bandscheiben

Neben den Gelenken benötigen auch die Bandscheiben sehr viel Wasser. Immerhin lastet auf Hals-, Brust- und Lendenwirbelsäule mit 24 Wirbeln und 23 Bandscheiben ein beträchtlicher Teil des Körpergewichts. 75 Prozent davon werden allein durch das Volumen des Wassers getragen, das in den Bandscheibenkernen gespeichert ist. Durch den Druck des Körpergewichts wird bei Bewegungen ständig Wasser aus den Bandscheibenkernen herausgepresst.

Bei Wassermangel wird dieser Verlust jedoch nicht vollständig ersetzt und die entwässerten Bandscheiben mit ihren geschrumpften Kernen sind immer weniger in der Lage, das Körpergewicht zu tragen. Sie verlieren ihre Eigenschaft als Stoßdämpfer und die Wirbelgelenke werden instabil. Das Wasser, das aus ihnen herausgepresst wurde, kann durch die Sogkraft des in den Bandscheiben entstandenen Unterdrucks aber wieder absorbiert werden. Dann dehnen sie sich wieder aus und sind in der Lage, ihre Aufgabe als natürliche Stoßdämpfer und Körperstabilisatoren zu erfüllen.

Die zurückgewonnene Stabilisierung ist dann wiederum wichtig für die Knochen, die – für viele sicher überra-

Wie das Gelenk steif wird

Absterbendes Gewebe in einem Gelenk wird aus dem Zellinneren abgebaut und von weißen Blutkörperchen verdaut. Dabei wird der Blutzufluss zum betroffenen Gebiet erhöht, wodurch die Gelenkkapsel anschwillt und zu spannen beginnt. Steifheit und weitere Schmerzen sind die Folge. Daraufhin werden noch mehr Proteine abgebaut. Gleichzeitig sendet der Körper weitere Aminosäuren zur Unterstützung der Reparaturmechanismen. Im entzündeten Gelenkbereich beginnen nun einige weiße Blutkörperchen mit der Produktion von Wasserstoffperoxid und Ozon. Wasserstoffperoxid ist eine sehr aggressive Substanz, die außerhalb des Körpers als Desinfektionsmittel und Bleichmittel eingesetzt wird. Auch im Körper wirkt es desinfizierend, in diesem Fall, um die Gelenkspalten vor einer Infektion durch Bakterien in der Gelenkhöhle zu schützen und um die am Reparaturprozess beteiligten Zellen mit genügend Sauerstoff zu versorgen. Eine spezielle Substanz (ein lokaler »Wachstumsförderer«) ist in diesem »aggressiven« Klima dann verantwortlich für das Gewebewachstum, das zu den typischen knorrigen Arthritisgelenken führt.

schend – immerhin noch zu 22 Prozent aus Wasser bestehen. Wird über einen längeren Zeitraum zu wenig oder falsch getrunken, dann holt sich der Körper das dringend benötigte Wasser sogar aus den Knochen. Knochenbrüche und Osteoporose können die Folge sein.

Wasser für die Muskeln

Wichtig für eine gesunde Körperhaltung sind auch gut trainierte Muskeln. Sie bestehen zu 75 Prozent aus Wasser und sind nicht nur während des Sports auf eine ausreichende Versorgung mit Wasser angewiesen. Das Körperwasser transportiert nämlich alles bis in die kleinste Muskelfaser, was diese zur Energieumsetzung benötigt. Und diese kleinen Fasern arbeiten im großen Stil zusammen.

Bei einer Muskelkontraktion werden bei zunehmender Stärke auch immer mehr Muskelfasern aktiviert. Dies geschieht durch wiederholte elektrische Entladung der zuständigen Nervenzellen. Bei jeder dieser ausgelösten Muskelkontraktionen wird dabei eine erhebliche Menge so genanntes ATP (Adenosin-Triphosphat) verbraucht. Dazu wird auch Natrium und Kalzium benötigt sowie das in den Muskelzellen gespeicherte Glykogen, das zu Glukose abgebaut wird. Bei schneller körperlicher Betätigung, wenn mehr als 60 bis 70 Prozent der maximalen Muskelleistung notwendig sind, findet dieser Prozess ohne Sauerstoffverbrauch statt. Dieser Vorgang wird als anaerob bezeichnet.

Die aerobe Energiegewinnung

Bei Ruhe oder Ausdauerleistung, wenn also nur eine Muskelleistung unter 60 bis 70 Prozent erforderlich ist, schaltet der Körper auf die so genannte aerobe Energiegewinnung um. Er geht zur Fettverbrennung über, da diese Form der Energiegewinnung energetisch günstiger ist als die Glukoseverbrennung. Dies ist auch der Grund, warum mäßig intensiver Ausdauersport besser für die Gesundheit und den Fettabbau ist.

Neben dem Verbrauch von Sauerstoff entsteht bei der Fettverbrennung auch Wasser und Kohlendioxid. Die gewonnene Energie wird den Muskelzellen unterdessen wieder in Form des Universalbrennstoffs ATP zur Verfügung gestellt. Ein ausreichender Wasserhaushalt im Körper garantiert, dass den Muskeln alle notwendigen Nährstoffe und Mineralien zugeführt werden und das entstandene Wasser und das Kohlendioxid wieder abtransportiert werden.

Wasser auf dem Weg nach draußen

Der Inhalt eines Glases Wasser hält in unserem Körper unzählige Funktionen im Fluss. Etwas davon wird über die Atmung wieder ausgeschieden und über die Luft dem großen Wasserkreislauf der Erde zurückgegeben. Ein anderer Teil wird, für den Körper nutzbringend, in Form von Schweiß wieder abgegeben. Die Haut als größtes Organ verliert bei einer Raumtemperatur von 18 °C ohne körperliche Bewegungen etwa 0,2 Liter Flüssigkeit pro Tag durch Verdunstung. Wird es heißer und kommt körperliche Anstrengung hinzu, kann der Schweiß in Strömen fließen.

Bei seinem Austritt durch die Haut dient das Wasser, neben dem Abtransport von Schlacken, insbesondere der Regulierung der Körpertemperatur. Gleichzeitig sorgt es dafür, dass die Haut nicht vorzeitig altert.

Wasser für die Nieren

Der nach Durchlaufen des Körpers verbliebene Rest des Wassers unterstützt die Nieren bei ihren Entgiftungsaufgaben. Es schwemmt Gifte heraus und löst Ablagerungen. Die unglaubliche Menge von nahezu 180 Liter Flüssigkeit werden pro Tag von den Nieren gefiltert. Zwei Liter davon scheiden wir am Ende über die Blase aus.

Ein Hinweis darauf, ob wir genügend Wasser zu uns nehmen, ist die Farbe des Urins. Der Harn sollte möglichst klar sein. Ansonsten ist es ratsam, sofort mehr zu trinken, damit der Wasserfluss im Körper aufs Neue seine unglaubliche Leistung erbringen kann.

Der Kreislauf des Wassers in der Natur

Wasser, das im Körper an einem so vielfältigen Kreislauf beteiligt ist, durchläuft auch bei seiner Entstehung viele verschiedene Stationen – das ist der Kreislauf des Wassers in der Natur. Diesen gab es auf der Erde aber nicht immer. Vor vier Milliarden Jahren war die Erde noch von einer giftigen Hülle aus Ammoniak, Methan, Kohlendioxid und Wasserdampf umgeben. Im Lauf von vielen Millionen Jahren verflüchtigte sich diese heiße, giftige Hülle. Gleichzeitig kühlte die Erde ab. Ultraviolette Sonnenstrahlen unterstützten die Bildung einer neuen Atmosphäre. Sie bestand hauptsächlich aus Wasserstoff und Kohlendioxid.

Über weitere Millionen Jahre hinweg entstanden gewaltige Mengen Wasserdampf, Kohlenstoff, Stickstoff und auch Sauerstoff. Der Wasserdampf regnete sintflutartig ab und bildete die Ozeane. Der Kreislauf des Wassers konnte nun beginnen. Ein Kreislauf, der seit einer kleinen Ewigkeit aus immer demselben Wasser besteht, denn die Gesamtmenge des Wassers auf unserem Planeten ändert sich nicht. Dieses Wasser ist in ständiger globaler Bewegung – als Wasserdampf, Eis, Schnee oder Regen – und befindet sich in allen Lebewesen, in den Flüssen, den Seen und Meeren und natürlich auch in der Erde selbst.

Faszinierende Wege des Wassers auf dem Blauen Planeten

Die Energie, die diesen gewaltigen Zyklus des Wassers in Gang hält, kommt von der Sonne. Die wärmenden Strahlen sorgen für die ständige Verdampfung des Wassers und damit auch für die Luftfeuchtigkeit.

Aber nicht nur die Kraft der Sonnenstrahlen ist an der dauernden Bewegung des Wassers beteiligt. Auch ihre Anziehungskraft auf die Erde, gepaart mit der Anziehungskraft des Mondes, sorgt für eine ständige Bewegung der gewaltigen Ozeane. So kommt es, dass 12,5 Stunden von einer Flut zur nächsten vergehen.

Der tägliche Wasserbedarf des Menschen

Die vom Menschen benötigte täglich Flüssigkeitsmenge ist immer abhängig vom individuellen Körpergewicht, der Außentemperatur und der körperlichen Bewegung.

Es sollten am Tag mindestens 30 Milliliter Wasser pro Kilogramm Körpergewicht getrunken werden. Bei 60 Kilogramm sind das also 1,8 Liter, bei 80 Kilogramm Körpergewicht mindestens 2,4 Liter. Körperliche Arbeit erhöht den Bedarf deutlich.

Bei 18 °C verliert der Mensch in acht Stunden etwa vier Liter. Bei 30 °C im gleichen Zeitraum sogar acht Liter.

Die Erde – ein Lebewesen?

Die Kraft und die Größe dieser Wasserbewegungen und des Kreislaufes des Wassers, der den gesamten Erdball miteinander verbindet, sorgte schon in der Antike für die Entstehung von verschiedensten Erklärungsversuchen.

So beschrieb der griechische Dichter Hesiod im 8. Jahrhundert vor Christus in seiner Theogonie, wie die Göttin der Erde, Gaia, den Himmel, die Berge und das Meer gebar. Aus diesem alten Mythos entwickelten der englische Kybernetiker James Lovelock und die Mikrobiologin Lynn Margulis 1979 die Theorie, dass die Erde lebt und lebendig ist. 1991 arbeitete Lovelock dann diese Gaia-Hypothese noch weiter aus. Für ihn ist die gesamte Erde kein kugelförmiger Stein, der größtenteils von Wasser bedeckt ist, sondern sie ist eine Biosphäre, ein gesamtplanetarisches Lebewesen mit einem Organismus, der sich selbst steuert und optimiert.

Lovelock geht in seiner These so weit, dass die Erde wie ein Mensch gesund oder krank sein kann. Seiner Meinung nach ist die Erde vor allem durch die gewaltigen Veränderungen im natürlichen Ökosystem gefährdet. »Wenn wir die Welt als einen lebendigen Organismus betrachten und uns als einen Teil davon – nicht als Eigentümer, Pächter

Verdampfer im großen Stil

- Nach Schätzungen verdampft jährlich eine Wasserschicht auf den Meeren in Höhe von etwa 80 Zentimetern. Dieser Wasserdampf enthält keine Mineralien. Erst wenn er über dem Land als Regen nieder geht und im Boden versickert, reichert er sich mit Stoffen an. Den größten Anteil an der Landverdunstung haben Pflanzen.
- Ein Wald von einem Hektar Größe verdunstet an einem Sommertag rund 40 000 Liter Wasser.

oder Beifahrer –, dann könnten wir noch eine lange Zeit vor uns haben und unsere Art dürfte die ihr zugedachte Zeitspanne überleben.«

Am Anfang war das Quellwasser

Was Lovelock fordert, war für die Menschen vieler alter Kulturen völlig natürlich. Sie zeigten sich im Umgang mit Wasser sehr umsichtig. Die Herkunft des Quellwassers, das scheinbar wie durch ein Wunder aus dem Boden entsprang, ließ aus ihrer Sicht gar kein anderes Verhalten zu. Quellen, Flüsse und Regen wurden daher als Geschenk der Götter betrachtet oder sogar als göttlich verehrt. Zwar entstanden die ersten Dörfer und kleinen Städte an Flüssen, doch das Quellwasser wurde wegen seiner Reinheit bevorzugt. Wo es nicht von allein an die Oberfläche kam, wurden Löcher gegraben. Der Brunnenbau hatte auf diese Weise seinen Anfang gefunden und wurde immer weiter verbessert. So fanden Archäologen denn auch in der über 4000 Jahre alten Industadt Mohenjo-Daro im heutigen Pakistan einen sorgfältig gemauerten Rundbrunnen.

Der Mensch verteilt das Wasser

Zu dieser Zeit wurden auch Gesetze geschaffen, um eine gerechte Verteilung des wertvollen Wassers zu regeln. Erst trank der Mensch und anschließend die Tiere. Dann gab es

Wasser zum Waschen. Der Rest wurde zur Bewässerung der Pflanzen genutzt. Privater Besitz von Wasser kam nicht vor. Wasser war Gabe Gottes. Und deshalb war auch jede Form von Beeinträchtigung verboten: Wasser durfte nicht verschmutzt oder eigennützig umgeleitet werden.

Wo das Grundwasser knapp war, wurde auf Regen als Trinkwasserquelle zurückgegriffen. Es entwickelten sich ausgeklügelte Vorratssysteme mit Zisternen. Als die Siedlungen wuchsen, entstanden in Mesopotamien (im heutige Irak) die ersten Fernwasserversorgungssysteme durch Kanäle. Die römischen Fernwasserleitungen übertrafen später alles bisher Dagewesene. So maß die »Aqua Marcia« 91 Kilometer. Nicht nur die Bevölkerungsentwicklung zwang Rom zu diesen Bauwerken, sondern auch die zunehmende Verschmutzung des Wassers im Stadtgebiet. Die Kanalisation brachte so viel Unrat in den Tiber, dass er als Trinkwasser unbrauchbar geworden war.

Der kleine Wasserkreislauf

Die Wasserwirtschaft versteht unter dem so genannten kleinen Wasserkreislauf die Verdunstung von Wasser, Schnee und Eis, deren Kondensation zu Regen, Schnee oder Hagel mit unmittelbarer Verdunstung in die Atmosphäre oder direktem oberirdischen Abfluss bis ins Meer.

Wasser in Privatbesitz

In den späteren Jahrhunderten des Römischen Reiches ging Wasser erstmals in der Geschichte der Menschheit in Privatbesitz über. Nur die Flüsse, die die Aquädukte speisenden Quellen und das Regenwasser, das in Zisternen gesammelt wurde, blieb in Rom öffentliches Eigentum. Alle anderen Quellen und Wasserläufe gehörten den Privatbesitzern der jeweiligen Grundstücke.

Im Lauf der Jahrhunderte verschwand im Zug der Wasserversorgung durch Staat und Wirtschaft der Bezug zu

Der große Wasserkreislauf

- Die Meteorologie unterscheidet hinsichtlich der Herkunft des Niederschlags beim großen Wasserkreislauf den atlantischen Bereich, der an den amerikanischen Kordilleren beginnt und die Luftfeuchtigkeit vom Atlantik bis an die Wüstenregionen heranführt, und den weit größeren indopazifischen Bereich, der den Indischen und Pazifischen Ozean umfasst und vom Ostsaum Asiens und Afrikas bis zu den Westküsten Amerikas reicht.
- Der kleine Wasserkreislauf ergibt sich durch die Verdunstung über dem Festland und bildet auch dort wieder seinen Niederschlag.
- In Gang gehalten wird der Wasserkreislauf durch die Verdunstung über den Weltmeeren. Der Regulator der Verdunstung und damit des gesamten Wasserkreislaufs ist das Klima – Temperatur und Bewegung der Luft.

natürlichen Wasserquellen. Im ausgehenden 20. Jahrhundert zeigte sich sogar, dass auf das Gratiswasser der Natur angeblich verzichtet werden konnte. Sogar auf Inseln verfielen Zisternen zu Ruinen. In immer größerem Umfang kommt das Trinkwasser heute aus der Plastikflasche. Ein teurer Luxus, den sich nicht jeder leisten kann. Zwischen 1940 und 2000 hat sich die Weltbevölkerung von 2,3 Milliarden auf 6 Milliarden Menschen mehr als verdoppelt. Gleichzeitig stieg der Wasserverbrauch von jährlich 400 auf 800 Kubikmeter pro Kopf.

Da die Süßwasservorräte der Erde durch den Kreislauf des Wassers begrenzt sind, kann sich der globale Wasserverbrauch aus heutiger Sicht nicht einmal mehr vervierfachen, bevor die Reserven ausgeschöpft sind. Wasser wird in absehbarer Zeit wichtiger sein als Öl. Politikwissenschaftler rechnen schon bald mit Kriegen, die durch Wassermangel ausgelöst werden. Konflikte sind vorprogrammiert: 261 Flüsse auf der Welt sind grenzüberschreitend.

Nicht tragfähiger Wasserverbrauch

Zwar ist in vielen Ländern heute noch genügend Wasser vorhanden, doch in anderen führt der steigende Bedarf einer wachsenden Bevölkerung zu einem Mangel oder zur erheblichen Verschlechterung der Wasserqualität. Dies gilt nicht nur für Länder in Afrika und im Nahen Osten, sondern auf längere Sicht auch für Teile Asiens und Lateinamerikas, manche Prognosen sagen sogar für Teile Europas erhebliche Probleme bei der Wasserversorgung voraus.

Unglaublich ...

Ein Hotel verbraucht durchschnittlich 350 Liter Wasser pro Tag und Gast – ein Golfhotel sogar 800 Liter.

Zu wenig Wasser

Zurzeit verfügen 14 Länder weltweit nicht über die Wassermenge, die für den Pro-Kopf-Verbrauch der Bevölkerung nötig wäre. Laut UNO kommen bis 2025 noch neun weitere Länder hinzu. Schon heute haben 1,2 Milliarden Menschen überhaupt keinen Zugang zu frischem, sauberem Wasser. 2,5 Milliarden Menschen leben ohne Abwasserversorgung. Fünf Millionen Menschen sterben jedes Jahr an verseuchtem Trinkwasser. Dazu zählen auch ungefähr 6000 Kinder pro Tag – und deren Zahl wächst stetig.

Süßwasser – begrenzte Ressourcen

Auch wenn sich Politik, Wissenschaft und Hilfsorganisationen Gedanken machen, wie das so dringend benötigte Wasser zu den Menschen kommen könnte, so liegt die generelle Problematik des Wasserhaushalts der Erde für die verschwenderische Menschheit allein schon in der Begrenztheit des Süßwassers.

Von den 1,4 Milliarden Kubikkilometern Wasser auf der Erde sind nur 2,5 Prozent Süßwasser. 69 Prozent davon sind in den Polareiskappen und Gebirgsgletschern gebun-

Wasser durch Nebelfang

Während reiche Länder wie Saudi-Arabien bei der Gewinnung ihres Trinkwassers auf teuere Meerwasser-Entsalzungsanlagen setzen können, geht man in den armen Küstenregionen Chiles andere Wege.

In der Atacama-Wüste herrscht ganzjähriger Wassermangel. Wenn jedoch morgens das kalte Wasser des Humboldt-Stromes auf warme Luft vom Festland stößt, entsteht Nebel. Dieser zieht vormittags über das Land.

Seit Ende der 1980er Jahre hat man dieses Nebelwasser nutzbar gemacht. In der Nähe des kleinen Fischerdorfs Chungungo auf dem Hügel unweit der Küste stellte eine kanadische Hilfsorganisation Netze auf, die den Nebel »fangen«. Zieht der Nebel durch die Netze, kondensiert er an den Maschen. Tropfen für Tropfen fließt er in eine Rinne und anschließend in ein großes Becken. Von dort gelangt das Wasser über Rohre ins Dorf. Mit 72 Netzen, die jeweils eine Fläche von 48 Quadratmetern haben, gelingt es auf diese Art, etwa 12000 Liter Trinkwasser pro Tag zu sammeln. So stehen jeder Person in Chungungo täglich rund 30 Liter zur Verfügung.

den oder liegen so tief in der Erde, dass es bis auf weiteres nicht möglich ist, sie zu erschließen. So wird deutlich, dass nicht die Gesamtmenge des weltweit verfügbaren Süßwassers entscheidend ist, sondern die Geschwindigkeit, mit der die Süßwasservorräte durch den globalen Wasserkreislauf erneuert werden. Zwar verdampft über den Weltmeeren eine Wassermenge von 0,80 Metern pro Jahr, aber etwa 80 Prozent davon regnen wieder über den Meeren ab. Die übrigen 20 Prozent – immerhin 113 000 Kubikkilometer – regnen oder schneien zwar über Land ab, aber davon verdunsten 72 000 Kubikkilometer wieder in die Atmosphäre. Es bleiben also nur 41 000 Kubikkilometer, die die

Grundwasservorräte auffüllen und durch die Flüsse wieder ins Meer gelangen.

Minimale Menge für den Grundwasservorrat

Für sich betrachtet wirkt die Zahl von 41 000 Kubikkilometer gewaltig. Stellt man sich aber alles Wasser dieser Erde in einer einzigen Badewanne vor, dann würden diese 41 000 Kubikkilometer Wasser gerade einmal einen Teelöffel ergeben. Hinzu kommt noch, dass mehr als die Hälfte dieses Teelöffels Wasser wäre, das bei Überschwemmungen direkt wieder ins Meer gelänge, und ein weiteres Achtel dieses Teelöffels würde in Gegenden abregnen oder schneien, die weit ab vom Menschen liegen.

Unglaublich ...

Um ein Kilogramm Zitrusfrüchte zu ernten, braucht man 1000 Liter Wasser, für ein Kilogramm Getreide 1500 Liter, für ein Kilogramm Lammfleisch 10 000 Liter und für ein Kilogramm Rindfleisch 15 000 Liter. Um ein Auto zu lackieren, werden unglaubliche eine Million Liter Wasser benötigt.

Wasserverbrauch

Zudem wird die jährlich erneuerte Wassermenge vor allem durch seinen Gebrauch belastet. Weltweit verbraucht die Landwirtschaft mit ungefähr 70 Prozent das meiste Wasser, etwas über 20 Prozent die Industrie und etwas unter zehn Prozent die Haushalte.

Natürlich ist der Wasserverbrauch regional sehr unterschiedlich. So liegt der Durchschnittsverbrauch eines US-Amerikaners bei 650 Liter Wasser am Tag. Ein Mensch aus dem Staat Benin muss hingegen mit vier Litern Wasser pro Tag auskommen. In Deutschland liegt der Pro-Kopf-Verbrauch bei 100 Liter am Tag. Aber noch nicht einmal zwei Liter davon werden getrunken.

Innere Anwendungen

In diesem Kapitel erfahren Sie, worauf Sie bei der Qualität des Wassers achten sollten und wie richtiges Trinken sowie auch das Essen von wasserhaltigem Obst und Gemüse Ihrer Gesundheit und Ihrem Wohlbefinden »den Kick gibt«.

DIE GEWINNUNG VON TRINKWASSER

Der Kreislauf des Wassers ist zwar nicht unterbrochen, aber das Wasser hat durch seine Übernutzung immer weniger Zeit, sich zu einem Wasser mit guter Qualität zu entwickeln. Das trifft auch in Deutschland und den angrenzenden Staaten zu.

Deshalb muss das Trinkwasser auch immer mehr aus natürlichen »Rohwasservorkommen« bezogen werden. Rohwasser wird das Wasser genannt, das aus einem natürlichen Gewässer zur Trinkwasserverwertung entnommen wird. So auch Flusswasser, das sehr aufwändig aufbereitet werden muss. Deshalb lässt man es meist zur Anreicherung des Grundwassers versickern.

Flusswasser wird aber auch zur Gewinnung von Uferfiltrat eingesetzt. Dabei werden in etwa 50 bis 100 Meter Nähe zu einem Fluss Brunnen angelegt. Das Flusswasser sickert durch den Boden und wird so durch die Gesteinsschichten gereinigt.

Der hohe Verschmutzungsgrad mancher Flüsse verhindert aber, dass der natürliche Bodenfilter alle Schadstoffe beseitigen kann. Auch anderes Oberflächenwasser, wie beispielsweise aus Talsperren und Seen, muss erst aufbereitet werden. Dabei wird es entsäuert und mit Hilfe von Schnellfiltern auch entkeimt.

Grundwasser, Quellwasser & Co.

▶ **GRUNDWASSER:** Die Trinkwassergewinnung aus Grundwasser ist die sicherere Methode im Vergleich zur Gewinnung aus Flusswasser oder Uferfiltrat. In der Erdrinde befinden sich Hohlräume, die sich mit natürlichem Grundwasser füllen. Diese Wasservorkommen entstanden durch Niederschläge, die Jahrzehnte oder Jahrhunderte lang herabregneten.

Dieses Wasser sickerte in den Boden und wurde dadurch gefiltert und gereinigt. Grundwasser gilt deshalb immer noch als das geeignetste Trinkwasservorkommen, da es praktisch keinerlei Verschmutzung enthält. Dies galt seit

Mobile Wasseraufbereitungsanlagen in Krisenregionen

Mobile Wasseraufbereitungsanlagen machen praktisch jedes Wasser zu reinem Trinkwasser. Viren, Bakterien, Chemikalien und sogar nukleare Verunreinigungen holen die Anlagen aus dem Wasser – und das ganz ohne chemische Zusatzstoffe. Das verunreinigte Wasser wird durch eine semipermeable (halbdurchlässige) Membran gepresst. Die Verunreinigungen bleiben an der Membran hängen, das Wasser aber gelangt hindurch – das so genannte Umkehr-Osmose Verfahren. Die Poren der Membran sind nur 0,0001 Mikron (= 0,0001 Mikrometer; 1 Mikrometer ist ein tausendstel Millimeter) klein und damit viel kleiner als Viren oder gar Bakterien.

Menschengedenken. Inzwischen gefährden aber die in den Boden und damit ins Grundwasser einsickernden Schadstoffe und Pestizide zunehmend seine Reinheit.

▶ **QUELLEN:** Sie sind ebenfalls zur Gewinnung von Trinkwasser sehr gut geeignet. Sie müssen allerdings sehr tief liegen, damit sie vor Verunreinigungen geschützt sind.

▶ **REIFES WASSER:** Eine besondere Form von Quellenwasser ist das so genannte reife Wasser. Es handelt sich dabei um Wasser, das sich den Weg auf natürliche Art und Weise – ohne Bohrung – durch die vielen Gesteinsschichten selbstständig nach oben gebahnt, sich mit natürlichen Mineralien angereichert und gereinigt hat. Dieses Wasser kann sogar durch seine Spiralkräfte – mit der es sich seinen Weg nach oben bahnt – noch in einer Höhe von 2000 Metern aus einer Quelle entspringen. Quellen mit »reifem Wasser« werden artesische Quellen genannt. Die Spiralkräfte, die die Schwerkraft aufheben und den Weg des Wassers nach oben ermöglichen, werden levitante Kräfte genannt.

DIE SUCHE NACH GESUNDEM WASSER

Die zunehmende Umweltverschmutzung führt gleichzeitig auch zu einem immer stärkeren Aufwand, das Wasser trinkbar zu machen. Für viele Menschen ist die Trinkbarkeit allein im Hinblick auf ihre Gesundheit aber bei weitem nicht ausreichend. Sie wollen Wasser, das nicht nur erfrischend und bekömmlich ist, sondern zudem gesund. Ein Anliegen, das in Anbetracht der Bedeutung des Wassers für den menschlichen Körper nur allzu verständlich ist.

Filtersysteme im Test

Filtersysteme, die das eigene Leitungswasser zusätzlich reinigen sollen, überschwemmen daher den Markt. Nicht alle Geräte entfernen auch komplett die unerwünschten Rückstände im Wasser. Andere wiederum sind spezialisiert auf Schadstoffe, die bei uns kaum vorkommen. Stiftung Warentest hat daher verschiedene Filtersysteme getestet, die diejenigen Schadstoffe entfernen können, die in einigen Wässern auch tatsächlich vorkommen.

Folgende Filterarten waren im Test

- Sechs tragbare Tischfilter, die mit dem gleichen Prinzip arbeiten: Oben wird Wasser hineingegossen, das dann durch die Filterpatrone sickert und in einen Vorratsbehälter läuft.
- Drei Filter, die in der Küche an die Leitung oder an die Wasserarmatur fest angeschlossen werden und zumindest zeitweise unter Wasserdruck stehen.
- Zwei Reisefilter, mit denen Oberflächenwasser per Handpumpe zu Trinkwasser filtriert werden soll.

Die Testergebnisse

- Die Patronen der Tischfilter enthalten meist die zwei Komponenten Ionenaustauschermasse und Aktivkohle. Dabei findet der Ionenaustausch an der Oberfläche von Kunstharzkügelchen statt. Hier werden Mineralien wie

Kalzium und Magnesium, aber auch gelöstes Blei und Kupfer festgehalten und im Austausch Wasserstoffionen abgegeben. Das Filtrat ist deshalb mineralärmer und weniger hart, dafür aber auch etwas saurer.

- Das Ergebnis von Stiftung-Warentest: »Solange die Austauschkapazität nicht erschöpft ist, funktionieren die Tischfilter ordentlich. Danach aber unbedingt die Patrone wechseln.«
- Untersucht wurden auch zwei Spezialfilter zur Nitratentfernung. Ihre Anionenaustauscher sollen den Umweltschadstoff Nitrat zurückhalten und dafür Chlorid hinzugeben. »Die Kapazität der Austauscher war aber so knapp bemessen, dass sie nur mit ausreichend bewertet werden konnten.«
- Für die Entfernung von Chlor und organischen Stoffen im Wasser verwendeten die meisten Filter Aktivkohle. An deren Oberfläche sollen organische Substanzen wie Chlorphenol oder das Pestizid Atrazin haften bleiben. »Im Test zeigte sich aber, dass das Wasser die relativ kleine Aktivkohleschicht der Tischfilter schnell passierte und die Problemstoffe dabei nur zum Teil zurückgehalten wurden. Besser schnitten die fest angeschlossenen Filter mit ihren größeren und feineren Aktivkohlefiltern ab.«

Bewertung des Verkeimungsrisikos

- Bakterien entfernten die meisten Filter zuverlässig aus dem Wasser. Doch der Verbraucher darf sich nicht darauf verlassen. Auch die beiden Reisefilter waren bei der Entkeimung erfolgreich. Geprüft wurde auch mit Testkeimen, ob die Filter selbst verkeimen, wenn der Patronenwechsel zum Beispiel mit schmutzigen Händen durchgeführt wird. Stiftung Warentest übergoss die Filter mit Testbakterien und nahm sie in Betrieb. »Im Filtrat wurden fast keine dieser Testkeime gefunden.«
- Der Grund dafür ist die in den Filtern enthaltene Aktivkohle, die meist mit Silber behandelt ist. Dieses Silber wirkt zwar Bakterien tötend, wird allerdings selbst nach

und nach aus dem Filter gespült. Gleichzeitig filtert die Aktivkohle organische Schmutzstoffe und speichert sie als möglichen Nährboden für Bakterien.

- »Je länger die empfohlene Betriebsdauer einer Patrone überschritten wird, desto höher das Verkeimungsrisiko. Anbieter warnen deshalb und empfehlen, das gefilterte Wasser abzukochen, bevor es Kindern unter 12 Monaten gegeben wird.«
- Die ständige Abgabe von Silber ins Trinkwasser ist darüber hinaus auch vom Verbraucher eigentlich unerwünscht, da dessen mögliche Nebenwirkungen in niedriger Konzentration noch nicht ausreichend erforscht wurden.
- Das Ergebnis der Testreihe kann unter www.stiftung-warentest.de unter dem Suchbegriff »Wasserfilter« angefordert werden.

Wasserbelebung

Viele Menschen schwören auch auf die Belebung des Wassers. Zu den bekanntesten »Wasserbelebern« gehört Johann Grander. Über 20 Jahre erforschte er die Auswirkungen des natürlichen Magnetismus auf Natur und Mensch. Dabei stieß er auf sein »hochschwingendes« Wasser. Über ein biochemisches Verfahren wird dem Wasser die Information und die Energie zurückgegeben, die es durch externe Einflüsse verloren hat. Auch hierzu bietet der Handel verschiedene Geräte an.

Levitiertes Wasser

Ebenfalls zur Wasserbelebung patentiert ist das Verfahren des Diplompshysiker Wilfried Hacheney, der davon ausging, dass Trinkwasser nicht nur nach seiner chemischen Zusammensetzung beurteilt werden sollte, sondern auch nach seiner Struktur – ähnlich, wie sich die chemische Zusammensetzung von Diamant und Graphit nicht unterscheidet, die Struktur aber nicht unterschiedlicher sein könnte. Durch Hacheneys Edelstahlbehälter wird Wasser durch einen Rotor beschleunigt und in 50 Nanometer kleine Tropfen zerstäubt. Hacheney ist überzeugt, dass durch diese veränderte Wasserstruktur das Wasser seine natürliche Saugkraft wieder erhält, um Stoffe und Informationen aufzunehmen. Hacheney nennt dieses Wasser »levitiertes Wasser«.

Tausendmal so teuer

Für viele ist der Aufwand, das eigene Trinkwasser zu filtern oder zu beleben, allerdings zu groß – und so greifen sie zum Wasser aus der Flasche. Die Absatzzahlen von Mineralwässern, Heilwässern, Quell- und Tafelwässern steigen unaufhörlich. Und das, obwohl sie rund tausendmal so teuer wie Leitungswasser sein können. Die Probleme mit dem Leitungswasser treiben den großen Konzernen die Kunden zu. Der Preis spielt oft nur eine nebensächliche Rolle, denn viel wichtiger sind den Abnehmern die Zusammensetzungen der Inhaltsstoffe und die nachgewiesenen Heilwirkungen.

Neben den annähernd 650 verschiedenen Mineralwässern gibt es noch ungefähr 70 verschiedene Heilwässer auf dem Markt, nicht zu vergessen die Importprodukte aus anderen Ländern. Die Verwirrung, welches Wasser man nun trinken soll, ist dementsprechend groß.

Die Produktion von Mineralwasser und Tafelwasser ist klaren Regeln der Mineral- und Tafelwasser-Verordnung (MTVO, siehe dazu auch Seite 118 ff.) unterworfen. Sie kontrolliert das Herstellen, Behandeln und Inverkehrbringen von natürlichem Mineralwasser, von Quellwasser und Tafelwasser sowie von sonstigem in zur Abgabe bestimmter Fertigpackungen abgefülltem Trinkwasser.

Laut MTVO dürfen Mineralwassermarken aus dem Ausland mit höheren Bedenklichkeitswerten importiert werden. Außerdem müssen auch nicht alle gelösten Stoffe deklariert sein. Für Heilwasser gilt die MTVO nicht. Sie unterliegen dem Arzneimittelgesetz. Eine eigene Regelung gibt es über die Trinkwasser-Verordnung auch für das Leitungswasser.

DAS »WHO IS WHO« DES WASSERS

Wasser ist nicht gleich Wasser. Man unterscheidet dabei verschiedene Qualitäten: natürliches Mineralwasser, Tafelwasser, Quellwasser, Heilwasser, Sauerstoffwasser.

Natürliches Mineralwasser

Sein Ursprung muss in unterirdischen, vor Verunreinigungen geschützten Wasservorkommen liegen. Es ist dadurch mit Mineralien und Spurenelementen angereichert. Es kann aus mehreren Quellen gewonnen werden und ist ein reines Naturprodukt. Es unterliegt Qualitätskontrollen und wird direkt am Quellenort abgefüllt. Neben der natürlichen Kohlensäure darf es auch mit zusätzlicher Kohlensäure angereichert werden. Eisen, Schwefel, Arsen und Mangan können abgetrennt werden.

Quellwasser

Auch ein Quellwasser muss seinen Ursprung in unterirdischen Vorkommen haben und direkt an der Quelle abgefüllt werden. Es muss nicht ursprünglich rein sein, aber trotzdem alle Kriterien für Trinkwasser erfüllen. Es wird ohne besondere Aufbereitung abgefüllt und darf aus mehreren natürlichen oder künstlich erschlossenen Quellen stammen. Es bedarf für Quellwasser keinerlei amtlicher Bestätigung.

Tafelwasser

Dieses darf eine Mischung aus verschiedenen Wässern sein oder sogar aus Leitungswasser bestehen, das mit verschiedenen Mineralstoffen sowie mit Kohlensäure angereichert wurde. Es kann teilweise mit Sole oder Meerwasser versetzt werden oder mit Sauerstoff angereichert sein. Tafelwasser kann an jedem Ort abgefüllt werden. Aus diesem Grund darf auf dem Etikett kein Name stehen, der auf eine Brunnen- oder Quellabfüllung schließen lässt. Außerdem darf auf dem Etikett nicht das Wort »natürlich« vorkommen.

Heilwasser

Heilwasser unterliegt dem Heilmittelgesetz. Es ist ein natürliches Wasser aus unterirdischen, vor Verunreinigungen geschützten Vorkommen. Es ist mit Inhaltsstoffen angereichert, die vorbeugend, heilend oder lindernd wirken. Auch Heilwässer müssen direkt an der Quelle abgefüllt werden. Je nach Vorkommen hat es unterschiedliche Gesteinsschichten durchlaufen und wird dadurch bei verschiedenen Beschwerden und Krankheiten eingesetzt. Langwierige Prüf- und Genehmigungsverfahren führen dazu, dass Heilwässer teurer als Mineralwässer sind, denn die heilenden, vorbeugenden und lindernden Eigenschaften müssen amtlich bestätigt werden.

Was sich im Wasser tummelt

Mit welchem »Wasser« ein Glas auch gefüllt sein mag, im Sinne der Bedeutung des Wassers für unseren Körper sollte darauf geachtet werden, welche Zusatzstoffe »begrenzt« vorhanden sein sollten und was unerwünscht ist.

»Gute« Inhaltsstoffe

Chrom

Ein wichtiges Spurenelement für den Glukosestoffwechsel. Eine zu hohe Dosis kann zu Nieren- und Leberschädigungen und Magen-Darm-Entzündungen führen.

Eisen

Wichtig zur Bildung der roten Blutkörperchen. Auch im Muskelfarbstoff Myoglobin ist es enthalten. Eisenmangel führt zu Müdigkeit, brüchigen Nägeln und Erschöpfung. Auch kalte Hände und Füße können ein Anzeichen dafür sein. Zu viel Eisen kann aber zu Organschäden führen.

Fluorid

Verwendet wird Fluor bei der Knochen- und Zahnbildung. Regional wird es dem Leitungswasser beigegeben. Auch in der Luft und in Zahnpasta ist es vorhanden. Ein Zuviel an Fluor verfärbt die Zähne und macht sie brüchig. Es kann zur Veränderung der Schilddrüse und zu Nervenkrankheiten kommen.

Jod

Jod ist ein wichtiges Element für die Schilddrüse, ein Mangel führt zu Funktionsstörungen und zu ihrer Vergrößerung. Eine Überversorgung schadet aber genauso. Da Brot und Salz häufig jodiert werden, sollte auf die täglich aufgenommene Gesamtmenge geachtet werden. Die empfohlene Tagesdosis liegt zwischen 0,15 bis 0,18 Milligramm.

Kalium

Kalium reguliert den Wassergehalt in den Zellen, genauso den osmotischen Druck (zwischen Zelleninnerem und -äußerem). Wichtig ist Kalium auch für die Muskelkontraktionen und die Übertragung von Nervensignalen. Chronische Müdigkeit, Muskelschwäche und Verstopfungen sind Zeichen eines Mangels.

Kalzium

Kalzium ist das Knochenbaumineral schlechthin. Aber auch das Herz, die Nerven und die Muskeln benötigen viel Kalzium. Ein längerer Mangel an Kalzium führt im Alter zu Osteoporose und steigert auch das Herzinfarktrisiko. Ein Zuviel an Kalzium kann Appetitlosigkeit und Verstopfungen auslösen.

Kupfer

Neben Eisen gehört Kupfer zu den lebensnotwendigen Spurenelementen, weil es für die Bildung der roten Blutkörperchen mit zuständig ist. Kupfermangel setzt die Spannkraft der Blutgefäße herab und begünstigt so Herzkrankheiten. Zu viel Kupfer im Körper führt zu Leberschäden. Kupferrohre, durch die das Trinkwasser fließt, können noch zusätzlich Kupfer ins Wasser abgeben.

Magnesium

Für den Knochenaufbau und die Sehnen benötigt der Körper reichlich Magnesium. Wichtig ist es auch für Ausdauersportler. Wadenkrämpfe können ein Zeichen für einen Mangel an Magnesium sein.

Natrium

Natrium ist unerlässlich für den Wasseraustausch zwischen den Zellen. Mit Chlor verbindet es sich zu Natriumchlorid – dem Kochsalz. Aus diesem Grund muss bei der Untersuchung auf den Salzgehalt des Wassers nicht nur auf den Natriumgehalt, sondern auch auf den Chlorgehalt geachtet werden. Normalerweise werden wir – über das Kochsalz – mehr als ausreichend mit Natrium versorgt, wir nehmen eher zu viel auf als zu wenig.

Zink

Zink stärkt die Immunabwehr und ist sehr wichtig für den Aufbau der DNA, der Desoxyribonukleinsäure, die die Trägerin der genetischen Information und somit Grundlage des ganzen Lebens ist.

»Schlechte« Inhaltsstoffe

Aluminium

Zu viel Aluminium verursacht Magen- und Darmbeschwerden, darüber hinaus einen allgemeinen Energieverlust sowie Sprachstörungen und Senilität.

Arsen

Zu viel Arsen führt zu Übelkeit und Schwindel, auch die Blutgefäße können geschädigt werden und es kann zu einer Unterversorgung der Blutkörperchen kommen.

Blei

Eine erhöhte Bleibelastung ist eine deutliche Gesundheitsgefährdung. Die Bildung des roten Blutfarbstoffs kann eingeschränkt werden. Gehirnschäden können die Folge sein.

Chlor

Chlor wird beim Trinkwasser als Desinfektionsmittel genutzt, um der Verkeimung bei langen Leitungssystemen vorzubeugen. Häufig geht Chlor aber Verbindungen mit anderen Substanzen ein, wie Trichlormethan, das im Verdacht steht, Blasen- und Dickdarmkrebs zu verursachen.

Nitrat

Nitrat ist ein Salz der Salpetersäure und wird im menschlichen Körper zu Nitrit umgewandelt – einem giftigen Stoff. Diese Umwandlung ist altersabhängig. Je älter man ist, desto mehr Nitrat wandelt man in Nitrit um. Letzteres oxidiert den Blutfarbstoff Hämoglobin zu Methämoglobin, das Sauerstoff bindet, sodass er nicht mehr an die Zellen abgegeben werden kann. Es kommt zur Blausucht – der Methämoglobinämie.

Sulfat

Sulfat ist ein Salz der Schwefelsäure, das in vielen Düngemitteln und Pestiziden enthalten ist. Zu viel Sulfat wirkt abführend und führt zu Darmstörungen.

Radioaktivität von Mineralwasser

Radium-226 ist ein natürliches Isotop des Radiums und an der so genannten natürlichen Hintergrundstrahlung beteiligt. Je nach den örtlichen geologischen Gegebenheiten kann Wasser eine mehr oder weniger hohe Radioaktivität aufweisen.

Anreicherung im Knochenmark

Radium, das früher auch für Leuchtzifferblätter von Uhren verwendet wurde, gilt als hoch toxisches (giftiges) Element. Der Alpha-Strahler wird vom Körper mit dem lebensnotwendigen Kalzium verwechselt und ähnlich wie dieses in die Knochen eingebaut. Dort reichert es sich Jahr für Jahr an, wenn es regelmäßig über Lebensmittel aufgenommen wird. In den Knochen sind nach knapp 50 Jahren immer noch die Hälfte der Radium-Atome vorhanden. Bereits einige Mikrogramm Radium reichen aus, um das Knochenmark zu schädigen und Knochenkrebs auszulösen. Kinder sind hierbei besonders gefährdet, da sie sich noch im Knochenaufbau befinden. Darüber hinaus ist bei ihnen die Zellteilungsaktivität um einiges höher als beim erwachsenen Menschen und damit auch die Gefährdung durch radioaktive Strahlen.

Auslöser für Leukämie

Internationale Studien deuten auch einen Zusammenhang zwischen radiumkontaminiertem Trinkwasser und einer erhöhten Leukämierate bei Kindern an. Ende der 1980er Jahre waren in der Region Ellweiler (in unmittelbarer Nähe einer Uranfabrik) vermehrt Fälle von Blutkrebs aufgetreten. Vier der sieben betroffenen Kinder stammten aus zwei kleinen Gemeinden, deren Trinkwasser mit Radium-226 belastet war.

Einen ähnlichen Befund ermittelten Wissenschaftler in Florida. Auch hier war die Leukämierate bei Kindern erhöht, deren Trinkwasser hohe Radiumwerte aufwies. Als Grund für die Erkrankung der Kinder vermuten die Experten eine Radiumanreicherung im Blut des ungeborenen Kindes über die Plazenta der Mutter.

Geringe Dosis in Mineralwasser

Bei der bislang in Mineralwässern gemessenen natürlichen Strahlung handelt es sich um eine geringe Dosis.

Maßeinheit der Radioaktivität

Becquerel (Bq) ist die Einheit für die Radioaktivität einer Substanz. Sie gibt die Anzahl der in einer Zeitspanne (zum Beispiel Sekunde) zerfallenen Atomkerne an.

1 Bq = 1 Zerfall pro Sekunde

Deutsche Mineralwasser haben demnach höchstens eine natürliche Strahlung bis zu 600 Milli-Becquerel pro Liter. Die Trinkwasserrichtlinie der EU empfiehlt bei einer Strahlung von mehr als 500 Milli-Becquerel eine Senkung des Wertes. Experten halten auch diese Zahl für zu hoch. Sie verglichen die ermittelten Werte mit den Abwässern einer Brennelementefabrik. Ein solcher Betrieb müsste nach der neuen Strahlenschutzverordnung geschlossen werden, wenn seine Abwässer mehr als 200 mBq/l Radium aufweisen.

Alles nur Panikmache?

Der Verband Deutscher Mineralbrunnen bewertet diese Einstellung als reine Panikmache: Von der geringen Radioaktivität der Mineralwässer gehe keine Gefahr für die menschliche Gesundheit aus. Andere Experten würden schließlich auf die natürliche Strahlenbelastung in Deutschland, zu der der Konsum von Trink- oder Mineralwasser nur unbedeutend beitrage, hinweisen.

Tatsächlich ist jeder Bundesbürger einer durchschnittlichen Strahlendosis von 2,4 Milli-Sievert (mSv) pro Jahr ausgesetzt. Ursachen sind kosmische und Erd-Strahlung sowie vor allem das Einatmen von natürlichem Radon mit der Luft. Die Einheit Sievert ermöglicht eine Beurteilung der biologischen Strahlenwirkung auf den Organismus, während Becquerel lediglich die Belastung des jeweiligen Materials angibt.

Unterschiedliche Meinungen

Die Experten sind sich uneins. Ein Säugling, der jährlich 50 Liter des am stärksten belasteten Mineralwassers trinkt, hat eine zusätzliche Strahlenbelastung von 0,1 mSv pro Jahr, das in etwa der Strahlenbelastung bei einem Fernflug entspricht. Gleichzeitig verweisen Experten auf die natürliche Strahlenbelastung in skandinavischen Ländern, die etwa dreimal so hoch ist wie in Deutschland. Dennoch konnten dort keine höheren Leukämieraten als in anderen

Ländern festgestellt werden. Zu Krebserkrankungen könne Radium nur bei einer weit höheren Strahlung führen, die mit natürlichen Quellen nicht erreichbar sei.

Andere Experten sehen das nicht so und betonen, dass es so etwas wie eine »unschädliche Strahlendosis« nicht gäbe, weil auch die natürliche Strahlung nicht ungefährlich sei und jede weitere Belastung damit ein zusätzliches Risiko darstelle.

Radium herausfiltern

Eigentlich könnte das Problem der belasteten Mineralwässer ganz einfach gelöst werden: Die Getränkeindustrie wäre grundsätzlich in der Lage, das schädliche Radium herauszufiltern. Dann dürfte sie ein solches Wasser allerdings nicht mehr als natürliches Mineralwasser verkaufen – das verbietet die Mineralwasserverordnung. Sie schreibt vor, dass die natürliche Zusammensetzung eines Mineralwassers nicht verändert werden darf. Erlaubt ist lediglich, nichtstabile Stoffe wie Eisen und Schwefel zu entziehen oder die Kohlensäurekonzentration zu verändern. Hier sollte der Gesetzgeber aktiv werden und die Verordnung entsprechend ändern.

Für Verbraucher gilt: Wer mineralstoffreichen Sprudel bevorzugt, sollte sich genau anschauen, welche Sorte er trinkt und im Zweifelsfall beim Hersteller nach dem Gehalt an Radium-226 fragen.

Hier erhalten Sie Informationen

Auf Seite 127 ff. finden Sie die Adressen der Wasserproduzenten, um sich dort über die mögliche Radioaktivität Ihres Wassers informieren zu können.

Auf Seite 118 ff. sind Auszüge aus der Mineral- und Tafelwasser-Verordnung und aus der Trinkwasser-Verordnung abgedruckt, damit Sie alle zulässigen Grenzwerte zur Kontrolle der Wasser-Getränke-Industrie und der Wasserwerke zur Hand haben. Analysen Ihres Leitungswasser erhalten Sie über das örtlich zuständige Wasserwerk.

Wie trinke ich richtig? Wie viel Wasser brauche ich?

Damit »gutes« Wasser seine einzigartigen Kräfte im Körper auch entfalten kann, muss es in ausreichender Menge vorhanden sein. Die meisten Menschen trinken allerdings zu wenig. Während Hunger sich sehr schnell zeigt, ist das Körpergefühl für Durst oft unzuverlässig. Mit zunehmendem Alter nimmt das Durstempfinden zusätzlich noch deutlich ab. Hinzu kommt, dass viele Menschen selten reines Wasser trinken, sondern versuchen, ihren Flüssigkeitsbedarf mit gesüßten Limonaden, Kaffee, Milch und anderen Getränken abzudecken. Der Körper braucht aber ausreichend Wasser für seine vielfältigen Aufgaben. Die benötigte Menge ist dabei abhängig vom Körpergewicht, der Außentemperatur und der körperlichen Bewegung.

So viel sollten Sie trinken

Es sollten mindestens 30 Milliliter Wasser pro Kilogramm Körpergewicht getrunken werden. Bei 60 Kilogramm sind das also 1,8 Liter und bei 80 Kilogramm Körpergewicht mindestens 2,4 Liter. Diese Zahlen sollten in der Tat als wirkliches Wassertrinken verstanden werden. Zwar nimmt der Mensch durchschnittlich rund 0,9 Liter Wasser über

Ungefähr zwei Liter Wasser jeden Tag ...

- fördern die Verdauungsfunktionen;
- fördern über die Leber und die Nieren die Reinigungsfunktionen;
- fördern alle entscheidenden Stoffwechselfunktionen;
- fördern Herz- und Kreislauffunktionen;
- fördern die körpereigenen Abwehrkräfte;
- fördern die Stärkung des Nervensystems;
- fördern Konzentrations- und Leistungsfähigkeit;
- fördern die Mechanismen gegen vorzeitige Hautalterung.

die Nahrung zu sich, doch darf dies nicht mit eingerechnet werden, weil der Körper auch Wasserreserven benötigt. Nicht nur, weil sich der Durst eigentlich erst zeigt, wenn Wassermangel im Körper vorherrscht, sondern damit Reserven für körperliche Anstrengungen und fiebrige Erkrankungen vorhanden sind.

Verluste ausgleichen

Körperliche Arbeit und sportliche Anstrengungen erhöhen den Wasserbedarf extrem. Bei 18 °C verliert der Mensch in acht Stunden vier Liter Flüssigkeit, bei 30 °C im gleichen Zeitraum sogar acht Liter. Bei so hohem Wasserverlust muss unbedingt darauf geachtet werden, dass dem Körper Mineralien und Spurenelemente wieder zugeführt werden, die er durch starkes Schwitzen verloren hat. Dies trifft besonders auf Natrium, Chlorid, Magnesium und Kalium zu. Nur ausreichendes Wassertrinken gewährleistet, dass der Körper sein eigenes natürliches »Gesundheits«- und »Schönheitsprogramm« aufrechterhalten kann.

Was Sie trinken sollten

Dabei sollte auf eine ausgewogene Mischung des Wassers geachtet werden. Es sollte nicht ausschließlich nur eine Wasserart bevorzugt werden. Ist Ihr Leitungswasser von guter Qualität, dann kann es zur Deckung des täglichen Flüssigkeitsbedarfs genauso eingesetzt werden wie Mineralwasser und Quellwasser. Nicht in jedem Glas Wasser müssen wertvolle Mineralstoffe und Spurenelemente vorhanden sein.

Heilwässer sollten in diesem Zusammenhang nicht zur Abdeckung des Wasserbedarfs eingesetzt, sondern als »Medikament« betrachtet werden. Heilwasser ist immer ein Zusatzgetränk, das zur Linderung und Heilung bei verschiedenen Erkrankungen und Beschwerden eingesetzt wird. Dies ist auch der Grund, warum Heilwässer nicht der Mineral- und Quellwasser-Verordnung unterliegen, sondern der Arzneimittel-Verordnung.

HEILWASSER – MEDIZIN AUS DER TIEFE

Trinkkuren mit Heilwasser werden vom Arzt verordnet und über einen längeren Zeitraum in genau festgelegter Dosierung durchgeführt. Dabei kommt es immer darauf an, welche Wirkung erzielt und welche Erkrankung behandelt werden soll, denn jedes Heilwasser zeichnet sich durch eine bestimmte Zusammensetzung an wirksamen Substanzen aus. Diese entscheidet darüber, welche Wirkung im Organismus hervorgerufen wird.

Heilwässer und ihre Wirkungen

Grundsätzlich gibt es drei Hauptklassen von Heilwässern, in denen sich mehr als ein Gramm an gelösten Substanzen befinden: Chloridwässer, Hydrogencarbonatwässer und Sulfatwässer. Heilwässer mit weniger gelösten, aber dennoch sehr wirksamen Stoffen sind unter anderem jod-, eisen- oder radonhaltig.

Chloridwässer

Sie enthalten Kochsalz, das in diesen therapeutischen Mengen ausgleichend auf das Kreislaufsystem wirkt. Außerdem sind sie appetitanregend. Heilsam sind sie auch bei Erkrankungen der Atemwege, Asthma, Rheuma, Fettsucht, Erkrankungen des Nervensystems, Hautproblemen, Frauenkrankheiten und Blutarmut.

Hydrogencarbonatwässer

Sie binden Säure und wirken schleimlösend. Sie werden deshalb bei Magenschleimhautentzündungen, aber auch bei Nieren- und Blasenleiden eingesetzt. Sie verhindern auch die Bildung von Nierensteinen.

Sulfatwässer

Diese Wässer unterstützen die Darmtätigkeit und helfen bei Gewichtsreduzierungen, da das enthaltene Sulfat die Funktionen von Gallenblase und Bauchspeicheldrüse anregt.

Bitte beachten

- Damit Heilwässer ihre Wirkungen entfalten können, sollten mindestens dreimal täglich 0,2 bis 0,5 Liter vor den Hauptmahlzeiten getrunken werden. Es darf über diese Menge aber nicht vergessen werden, dass noch zusätzlich ausreichend Wasser anderer Art zu sich genommen wird.
- Ob man nun zu Leitungs-, Mineral- oder auch Quellwasser greift – generell gilt: Ein deutlicher Hinweis darauf, ob ausreichend Wasser im Körper vorhanden ist, ist die Farbe des Urins. Er sollte möglichst so klar sein wie das Wasser selbst.

Trinkberater

Wer regelmäßig feststellt, dass schon wieder ein Tag vergangen ist, an dem er statt Wasser viel zu viel Kaffee und anderes getrunken hat, dem kann auch über das Internet geholfen werden. Unter www.trinkberater.de kann man einen Fragebogen zu seinem Trinkverhalten ausfüllen und sich per E-Mail auch täglich daran erinnern lassen, endlich ein gesundes, klares Glas Wasser zu trinken.

Schlank durch Wasser

Die Wissenschaft hat sich in den vergangenen Jahrzehnten intensiv mit der Wirkung von Eiweiß, Kohlenhydraten, Lipiden (Fette, Öle), Vitaminen, Mineralien und Spurenelementen beschäftigt. Mit den daraus gewonnenen Informationen und dem äußerst vielfältigen Angebot an Nahrungsmitteln in unseren Breiten sollte es eigentlich möglich sein, für eine ausgewogene Ernährung zu sorgen. Mehr denn je leiden aber viele Menschen an Übergewicht. Nicht nur Fastfood, Süßigkeiten und Bewegungsmangel sind Grund für diese Entwicklung, sondern auch, weil der wichtigste Nährstoff, das Wasser, lange Zeit in der Forschung vernachlässigt wurde.

Wasser kurbelt die Fettverbrennung an

Seit bekannt ist, wie Wasser Stoffwechselreaktionen im Körper erst ermöglicht, sie ankurbelt und sogar für die Fettverbrennung sorgt, ist es auch in den Fokus der Diätmedizin geraten. Schließlich besteht das Problem vieler übergewichtiger Menschen auch darin, dass ihre Körperzellen austrocknen, während sich außerhalb der Zellen zu viel Gewebewasser sammelt. Die Folgen können Ödeme, Schwellungen und ein Wasserbauch sein.

Trockene Zellen können aber nur zwischen 40 bis 50 Prozent ihrer Leistungskraft bei der Fettverbrennung erbringen. Der Grund für diesen Leistungsunterschied liegt darin, dass eine voll arbeitende Körperzelle Triglyzeride (Fettmoleküle) aus den Speckdepots anfordert. Um erfolgreich abzunehmen, muss die Zelle mit Wasser aufgefrischt werden, so dass die Lipolyse (Fettfreisetzung) richtig in Gang kommt.

Eine ausreichende Wasserversorgung ist auch für die Fettzellen äußerste wichtig, weil sie bis zu zwölf Prozent aus Wasser bestehen. Ihr Stoffwechsel funktioniert nämlich nur, wenn sie genügend Zellwasser enthalten. Nur durch dieses Zellwasser können sie Fettmoleküle ans Blut und die Körperzellen, die diese zur Energiegewinnung benötigen, abgeben.

Natriumarm und kaliumreich ist der Schlüssel

Eine Körperzelle ist von Schutzmembranen aus zwei öligfeuchten Schichten umgeben, sodass kein Wasser von alleine austreten oder eindringen kann. Der Zustrom von Zellwasser, Vitaminen, Eiweiß, Glukose und Fettsäuren wird durch kleine »Pumpen« geregelt, die durch Kalium und Natrium betrieben werden. Dabei saugt Natrium Wasser an und bindet es, während Kalium Wasser abstößt und es ausschwemmt. Als natürliche Widersacher beherrschen die beiden Mineralstoffe den Abtransport von Nährstoffen in die Körperzellen und auch den Abtransport von Schlacken, Säuren oder altem Cholesterin.

Wer gesund bleiben und einen aktiven Fettstoffwechsel haben will, muss daher natriumarm und auch kaliumreich trinken. Wird das jedoch nicht beachtet, kann es dazu führen, dass eine Zelle zu wenig Wasser aufnimmt, während sich im Gewebe unerwünschtes, krankhaftes Körperwasser sammelt.

Wurde der Stoffwechsel mit Hilfe des Wassers und körperlicher Betätigung angekurbelt, werden sofort Fettmoleküle für die Verbrennung zu Energie angefordert. Die Lipolyse funktioniert dann bis zu viertausendmal schneller als die Lipogenese (Fetteinbau).

Stress und Kälte helfen beim Abnehmen

Stresshormone, wie beispielsweise Adrenalin oder Glukagon, sorgen dafür, dass die Energiebereitstellung unverzüglich einsetzt, damit bei erhöhtem Leistungsdruck auch genügend Energie vorhanden ist. Es gelingt einem Glukagonmolekül in der Leber, innerhalb von Sekunden 100 Millionen Glukosemoleküle freizusetzen. Ähnlich verhält es sich auch mit der Freisetzung von Fettmolekülen aus den Speckdepots, die der Körper ja eigentlich als Reserve angelegt hat.

Ein weiterer Aspekt der Forschung in dieser Richtung wurde erst 2002/2003 entdeckt. Biologen und Zellforscher stellten fest, dass der hohe Wasseranteil im Zytoplasma der Körperzellen von Tieren dafür sorgt, dass die Nährstoffe auch aus physiologisch ungesunder Nahrung zu Energie verbrannt werden. Den Grund fanden die Forscher darin, dass der Zellstoffwechsel der Tiere sehr aktiv ist. Ständig wird Fett aus den Depots angefordert. Zusätzlich regt die Kälte, der sie nachts ausgesetzt sind, den Verbrennungsmotor der Tiere an. Ihr Körper muss dementsprechend viel Energie aufwenden, um die Körpertemperatur auf einem konstanten Niveau zu halten.

Hierin liegt der Grund, warum kalte Güsse und Wechselbäder eine unterstützende Wirkung beim Abnehmen besitzen.

Wasser kann man auch essen

Doch nicht nur das natriumarme und kaliumreiche Wasser, das getrunken wird, hilft maßgeblich mit, rank und schlank zu bleiben, sondern auch wässriges Obst und Gemüse. In ihnen sind nicht nur wichtige Vitamine, Mineralien und Spurenelemente enthalten, sondern viele Sorten zeichnen sich dadurch aus, dass sie arm an Natrium und reich an Kalium sind. Mit Obst und Gemüse wird also auf ganz natürlichem Weg für die Art Wasser gesorgt, die zur Energieumsetzung in den Zellen so dringend benötigt wird. Gleichzeitig bringt dieses gute Wasser auch reichlich Vitamine in den Körper (siehe Kasten Seite 57), die für dessen Funktion unerlässlich sind.

Entschlackungstag mit Obst & Gemüse – ein gesunder Genuss

Fasten ist ein wichtiges Instrument, um den Körper von Giften zu reinigen. Schon früh in der Menschheitsgeschichte wurde sein Nutzen für Körper und Geist erkannt.

Regelmäßiges üppiges Essen in Verbindung mit Alkohol macht schlapp und führt deshalb oft zu Bewegungsmangel. Ein Teufelskreis, der nicht nur die Gesundheit gefährdet, sondern auch die Klarheit des Denkens schwächt und die Seele aus dem Gleichgewicht bringen kann. Alle großen Religionen preisen das Fasten deshalb an. Was damals aufgrund positiver Erfahrungen empfohlen wurde, ist heute wissenschaftlich belegt:

- Der Darm wird entlastet und gereinigt.
- Abfallprodukte des Stoffwechsels werden verstärkt aus den Körperzellen ausgeschwemmt, da der Stoffwechsel insgesamt aktiver wird.
- Überschüssige Fettreserven werden der Verbrennung zugeführt.
- Die Haut bekommt ein jugendlicheres Aussehen.
- Die Glückshormone im Gehirn nehmen zu. Geistig und körperlich kann es zu wahren Hochgefühlen kommen.

Kleine Vitaminlehre

Vitamin A: hilft mit beim Aufbau der Schleimhäute und bei der Bildung von Sehpurpur (Sehfarbstoff) im Auge, regeneriert allgemein die Zellen und ist auch wichtig bei der Fortpflanzung.
Vitamin B_1 (Thiamin): fördert als Nervenvitamin die Konzentrationsfährigkeit und ist für den Kreislauf von Bedeutung.
Vitamin B_2 (Riboflavin): wichtig für Haut und Haare. Unterstützt die Sehfähigkeit und das Zellwachstum.
Vitamin B_3 (Niacin): für den Stoffwechsel wichtig. Wirkt durchblutungsfördernd und kann cholesterinsenkend sein.
Vitamin B_5 (Pantothensäure): hilft bei Depressionen und Ängsten und stärkt die Konzentrationsfähigkeit. Wirkt vorzeitiger Hautalterung entgegen.
Vitamin B_6 (Pyridoxin): bedeutend für das Nervensystem und die Eiweißspaltung.
Vitamin B_{12} (Cobalamin): wichtig für die Zellteilung und das Zellwachstum. Auch der Stoffwechsel von Gehirn und Nerven wird von diesem Vitamin mitgetragen. Es ist auch wichtig bei der Bildung der roten Blutkörperchen.
Folsäure: beteiligt am Eiweißstoffwechsel, der Bildung der roten Blutkörperchen und der Zellteilung. Wichtig ist sie auch bei der Bildung von DNS und RNS (Erbgut). Besonders wichtig während der Schwangerschaft.
Vitamin C: stärkt Immunsystem, Bindegewebe und kräftig die Blutgefäße. Es ist ein wirksamer Fettspalter.
Vitamin E (Tocopherol): stärkt den Kreislauf und bremst den Alterungsprozess der Hautzellen. Schützt vor freien Radikalen.
Vitamin K: unterstützt die Blutgerinnung und stoppt Blutungen. Ist auch am Knochenaufbau beteiligt.

Was beim Fasten passiert

Dennoch ist das Fasten durchaus nicht für jeden geeignet. Bei Herzproblemen, Bluthochdruck, Kreislaufbeschwerden, nervlicher Erschöpfung, depressiven Verstimmungen, innerer Unruhe, bei chronischen Erkrankungen, während der Schwangerschaft, bei Diabetes und in vielen anderen Situationen ist das Fasten keine gute Idee.

Aber auch gesunde Menschen sollten nur unter ärztlicher Kontrolle über einen längeren Zeitraum fasten. Viele wollen nicht fasten, weil es in der Anfangsphase zu einem starken Körpergeruch kommen kann sowie zu Mundgeruch, verstärktem Kälteempfinden und einer triefenden Nase. In den ersten Tagen treten oft auch Schlafstörungen und Unruhezustände auf, die die Konzentrationsfähigkeit herabsetzen können. Erst wenn diese Anfangsphase mit ihren negativen Auswirkungen überwunden wurde, setzt der positive Nutzen ein.

Ganzheitliche Reinigung

Parallel zu einer klassischen Fastenkur sollte auch der gesamte Lebensrhythmus umgestellt werden. Man sollte viel ruhen, sich auf sich selbst besinnen, viel Zeit an der frischen Luft verbringen und auf Fernsehen und anderes, das reizüberflutend wirkt, verzichten. Selbst diejenigen, die die negativen Auswirkungen einer Fastenkur auf sich nehmen würden, scheitern oft am Zeitfaktor. Kaum jemand in unseren Breiten kann sich die nötige Zeit für einen »gesundheitlichen Ausstieg« nehmen. Fasten und die normale Bewältigung des Arbeits- und Alltagslebens passen einfach nicht so richtig zusammen.

Saftfasten

Abhilfe schafft da ein Saftfastentag in Verbindung mit reichlich Obst und Gemüse einmal in der Woche. Fasten im Sinne einer Nulldiät mit reichlicher Wasserversorgung ist dies jedoch nicht – und das ist auch gut so. Saftfasten bringt nämlich eine ganze Reihe von Vorteilen. So werden dem Körper bei einer denkbar geringen Menge an Kalorien auch weiterhin alle wichtigen Vitamine, Spurenelemente und Mineralstoffe zugeführt. Es kommt zu keinem quälenden Hungergefühl, trotz Entgiftung und Gewichtsreduzierung. Der Kreislauf bleibt dennoch weitgehend stabil, sodass die Saftfastenkur keine negativen Auswirkungen auf die Bewältigung des Alltags hat.

Idealweise sollte dieser Saftfastentag zwar auf einen Sonntag gelegt werden, um diesen Tag mit Körperpflegeprogrammen und Selbstbesinnungsübungen abzurunden, er kann aber auch an einem ganz normalen Arbeitstag durchgeführt werden. Ideal ist das Fasten mit Säften auch im akuten Krankheitsfall. Hier kann die Dauer ruhig auf bis zu drei Tage ausgedehnt werden. Wie bei der eintägigen Kur erreicht man eine Entlastung des Organismus, die zur Konzentration aller Abwehrregulationen auf Krankheitsursachen führt. Meist reagiert der Körper im Krankheitsfall ohnehin mit Appetitmangel, sodass eine kurzfristige Umstellung der Ernährung kaum Probleme bereitet.

Sich Gutes tun

Ob nun ausgelöst durch eine Krankheit oder aus dem Vorsatz entstanden, etwas »sehr Gutes« für sich selbst zu tun, der Körper wird es Ihnen danken. Bei einer Saftfastenkur in Verbindung mit Obst und rohem Gemüse wird der Körper förmlich mit Vitalstoffen und »gutem« Wasser überschwemmt. Die Immunabwehr, der Stoffwechsel, alle Organfunktionen und auch die Nerven werden an diesem Tag rundum versorgt, angeregt und gestärkt.

Richtige Auswahl der Säfte

Wichtig bei der Herstellung der Säfte und der Auswahl der Obst- und Gemüsesorten ist in Bezug auf das »gute« Wasser der möglichst hohe Anteil an Kalium bei möglichst niedrigem Natriumgehalt. Wie bereits beschrieben, ist der Kalium-Natrium-Spiegel im Körper entscheidend dafür, wie gut die Wasseraufnahme und alle anderen damit verbundenen Körperfunktionen ablaufen. Zwar ist die Saftfastenkur in Verbindung mit Obst und Rohgemüse auch für eine längere Diät geeignet, sie sollte dann aber unbedingt in Absprache mit einem Arzt erfolgen.

Der folgende Überblick listet die Gemüse- und Obstsorten mit einem guten Verhältnis zwischen Natrium und Kalium und ihrem Nutzen für den Organismus auf. Einige der aus diesen Obst- und Gemüsesorten gewonnenen Gesundheitssäfte auf Wasserbasis können auch bei der Linderung von gesundheitlichen Problemen gezielt eingesetzt werden.

Gemüsesorten mit »gutem« Wasser

Der im Folgenden angegebene Natrium- und Kaliumgehalt bezieht sich auf 100 Gramm des Gemüses.

Artischocke (Natrium 80 mg/Kalium 370 mg)

Die Bitterstoffe der Artischocke regen den Gallensaft an, was eine regenerierende Wirkung auf die Leber hat. Auch auf Magen und Gallenblase wirkt sich die Artischocke positiv aus. Darüber hinaus werden der Cholesterin- und der Blutzuckerspiegel gesenkt. Die Artischocke enthält Kalzium, Kalium, Magnesium, Phosphor, Zink und Folsäure. Regelmäßiger Konsum hilft bei Rheuma, Gicht, Blasen- und Nierenschwäche sowie Magenübersäuerung.

Blumenkohl (Natrium 14 mg/Kalium 358 mg)

Der Blumenkohl ist reich an Vitamin C und Kalium. Da er leicht verdaulich ist und wenig Kalorien besitzt, ist er auch für Schonkost gut geeignet.

Brokkoli (Natrium 32 mg/Kalium 324 mg)

Brokkoli enthält viel Carotin, das nerven- und hautstärkend wirkt. Daneben ist er reich an Vitamin C, Vitamin E, B-Vitaminen, Kalium, Kalzium, Selen, Zink, Flavonen, Sulphoraphan und Eisen. Brokkoli schützt zudem auch vor grauem Star.

Gurke (Natrium 2 mg/Kalium 156 mg)

Die Gurke wirkt entlastend auf das Herz und cholesterinsenkend. Sie enthält reichlich Elektrolyte, hat sehr wenige Kalorien und in der Schale finden sich Kalium, Kalzium und Bitterstoffe.

Karotten (Natrium 35 mg/Kalium 312 mg)

Mohrrüben, Möhren oder Karotten – alle enthalten viel Alpha- und Beta-Karotin. Enthalten sind auch B-Vitamine, Folsäure, Kalzium, Pektin, Magnesium, Phosphor und Eisen. Das Pektin schirmt Magen- und Darmschleimhaut ab und macht die Karotte so bekömmlich. Beta-Karotin wirkt positiv auf die Augen, die Haare und schützt die Haut vor Zellverfall.

Kartoffeln (Natrium 3 mg/Kalium 466 mg)

Solange sie nicht in Fett gebraten werden, sind Kartoffeln ein sehr gutes Diätnahrungsmittel. Die Spurenelemente regen den Stoffwechsel an und das Kalium entwässert. Kartoffeln sind reich an Stärke, Eiweiß, Magnesium, Folsäure, Vitamin C, Phosphor, Kupfer, Zink, Kobalt und B-Vitaminen – Inhaltsstoffe, die bei Rheuma, Gicht und Stoffwechselstörungen helfen.

Kohl (Natrium 11 mg/Kalium 140 mg)

Kohl enthält viel Vitamin C, Kalzium, Kalium, Provitamin A (Vorstufe von Vitamin A), Eisen, Kupfer und B-Vitamine. Andere enthaltene Wirkstoffe (Indole) steuern den Östrogenstoffwechsel. Kohl hat zudem eine vorbeugende Wirkung gegen Herzinfarkt und Schlaganfall.

Kohlrabi (Natrium 20 mg/Kalium 412 mg)

Das im Kohlrabi enthaltene Senföl wirkt gegen Pilze und Bakterien und regt die weißen Blutkörperchen an. Kohlrabi stärkt die Abwehr im Allgemeinen, weil er reich an Vitamin C, Provitamin A, Kalzium, Kalium, Magnesium und Eisen ist.

Sellerie (Natrium 84 mg/Kalium 288 mg)

Reich an ätherischen Ölen, wirkt Sellerie harntreibend. Gesund ist er auch wegen seines Gehaltes an Vitamin E, Vitamin B_6, Folsäure, Kalium und Kalzium.

Spargel (Natrium 2 mg/Kalium 360 mg)

Spargel ist ein Helfer für Leber-, Nieren- und Lungenfunktionen, außerdem schwemmt er Nahrungsgifte aus. Auch Harnsäurekristalle, die sich im Muskelgewebe gebildet haben, werden förmlich hinausgespült. Spargel enthält viel Eisen, Vitamin C, Vitamin A, B-Vitamine, Kalzium, Phosphor, Jod und weitere Biostoffe.

Spinat (Natrium 18 mg/Kalium 170 mg)

Sein Wirkstoff Sekretin regt die Bauchspeicheldrüse an. Spinat ist reich an Beta-Karotin, Lutein, Folsäure, Kalzium, Magnesium, Vitamin E, Vitamin C, Jod, Schwefel und hochwertigem Eiweiß.

Tomaten (Natrium 9 mg/Kalium 214 mg)

Neben den wichtigen Spurenelementen Zink, Nickel und Kobalt und den Vitaminen A, C, E sowie B-Vitaminen besitzt die Tomate auch Eisen, Magnesium, Kalzium, Kupfer und Phosphor – ein hilfreicher Cocktail bei der Blutbildung, der auch noch den Blutdruck senkt und entgiftend wirkt.

Obstsorten mit »gutem« Wasser

Der im Folgenden angegebene Natrium- und Kaliumgehalt bezieht sich auf 100 Gramm des Obstes.

Ananas (Natrium 1 mg/Kalium 124 mg)

Das in ihr enthaltene Enzym Bromelain fördert die Fettverbrennung und hilft bei der Spaltung von tierischem Eiweiß. Ananas enthält auch Magnesium, Phosphor, Mangan, Zink, Jod, Vitamin C und Carotin. Das Obst wirkt zudem entzündungshemmend.

Apfel (Natrium 1 mg/Kalium 104 mg)

300 Substanzen stecken im Apfel, unter anderem Pektin, Vitamin B, Vitamin C, Kalzium, Phosphor, Eisen, Natrium, Fruchtzucker, Gerbstoffe und organische Säuren. Das Pektin reifer Äpfeln bindet Nahrungsgifte im Darm.

Birne (Natrium 1 mg/Kalium 102 mg)

Sie enthält viel Vitamin C, Magnesium, Kalzium, Phosphor, Zink, Kupfer, Jod, Fruchtsäuren und Carotin. Sie entwässert, fördert die Darmbewegung und ihre Gerbsäuren wirken lindernd bei Magen-Darm-Entzündungen.

Banane (Natrium 1 mg/Kalium 380 mg)

Bananen sind reich an Vitaminen und Mineralstoffen. Nicht nur Sportler schwören auf diesen schnellen Energielieferanten.

Grapefruit (Natrium 0 mg/Kalium 65 mg)

Die Zitrusfrucht enthält viel Vitamin C und Fruchtsäuren. Dabei wirkt sie entwässernd, entschlackend, blutverdünnend und regt die Fettverbrennung an.

Kirsche (Natrium 1 mg/Kalium 288 mg)

Kieselsäure in der Kirsche unterstützt den Aufbau von Zähnen, Nägeln und Knochen. Enthalten sind auch Eisen, Magnesium, Phosphor, Vitamin C, Carotin und B-Vitamine. Dunkle Kirschen sind gehaltvoller.

Kiwi (Natrium 4 mg/Kalium 234 mg)

Sie besitzt dreimal so viel Vitamin C wie Zitrusfrüchte. Über die Stärkung der Abwehrkräfte hinaus wirkt sie blutreinigend und harntreibend.

Mandarine (Natrium 0 mg/Kalium 166 mg)

Neben Mineralstoffen enthält die Mandarine das Provitamin A, Vitamin C und viel Fruchtzucker. Sie stärkt nicht nur die Immunabwehr, sondern wirkt auch durststillend.

Melone (Natrium 4 mg/Kalium 170 mg)

Mit einem Wassergehalt von 90 Prozent ist die Melone ein sehr guter Durstlöscher. Sie spült die Nieren und wirkt entwässernd. Enthalten sind Fruchtsäuren, Magnesium, Phosphor, Kalzium, Eisen, Vitamin A und Vitamin C.

Orange (Natrium 0 mg/Kalium 166 mg)

Die Orange ist nicht nur reich an Vitamin C, sondern auch an Beta-Carotin (Vorstufe von Vitamin A), Vitamin E, B-Vitaminen, Kalium, Phosphor, Folsäure, Selen und Kalzium. Neben der Stärkung des Immunsystems fördert sie die Durchblutung.

Pfirsisch und Nektarine (Natrium 0 mg/Kalium 165 mg)

Vitamin A, Vitamin C, Vitamin B, Magnesium, Kalzium, Kalium, Eisen, Natrium, Flavone, Beta-Carotin und Zink helfen dem Immunsystem und der Nierentätigkeit.

Pflaume (Natrium 0 mg/Kalium 80 mg)

Diese Frucht hilft nicht nur bei der Verdauung, sondern ist auch reich an Eisen. Sie unterstützt den Magen und baut Giftstoffe im Darm ab. Enthalten sind auch Carotin, Kupfer, Zink, Kalium, Natrium, Phosphor, Kalzium und B-Vitamine.

Rhabarber (Natrium 4 mg/Kalium 312 mg)

Er wirkt blutreinigend und entgiftend. Rhabarber enthält Kalzium, Magnesium, Eisen, Phosphor, Jod, ätherische Öle, Glykoside, Pektin und Zitronen- und Apfelsäure. Er sollte aber nur als Saft oder eingemacht genossen werden. Bei zu hohem Verzehr oder in roher Form kann er durch seine Oxalsäure die Bildung von Nierensteinen begünstigen.

Trauben (Natrium 2 mg/Kalium 214 mg)

Neben vielen keimtötenden Substanzen sind Weintrauben reich an Vitamin C, B-Vitaminen, Traubenzucker, Pektin und Kalium – alles hilfreich bei der Fettverbrennung, Entgiftung und Entschlackung. Trauben haben auch eine regenerierende Wirkung nach Entzündungen.

Zitrone (Natrium 0 mg/168 mg)

Reich an Vitamin C, wirkt die Zitrone nicht nur abwehrstärkend, sondern auch fiebersenkend und entgiftend im Darm.

> Indole, Saponine, Flavone, Terpene, Bioflavonoide, Lutein, Anthozyane und Ellagsäure sind natürliche Farb-, Duft- und Geschmacksstoffe oder bilden deren Grundlage.

Schmackhafte Wasserkuren von innen

Wie bei allen Entschlackungs- und Diätkuren ist ausreichendes Wassertrinken oberstes Gebot. Mindestens zwei bis drei Liter täglich sollten es sein. Hinzu kommt dann noch das »gute« Wasser aus Säften, Obst und Rohgemüse. Diese Wassermenge ist wichtig, damit der Körper Gift- und Schlackenstoffe auch optimal ausschwemmen kann. Verzichten Sie wegen der Verträglichkeit der Kohlensäure möglichst auf Mineralwasser.

Der Tagesablauf

- Für einen bewussten Entschlackungstag bieten sich auch kleine Änderungen im Tagesablauf an, um das seelische Wohlbefinden zu steigern. Springen Sie nach dem Erwachen nicht sofort auf, sondern atmen Sie erst einmal bewusst tief ein- und aus – fünfmal hintereinander langsam und mit Bedacht bis tief in den Bauch hinein atmen. Diese kräftigen Atemzüge sorgen für einen entspannten Start in den Tag.
- Nach dem Aufstehen zwei Gläser zimmerwarmes Wasser in kleinen Schlucken trinken. Hier bieten sich auch sulfathaltige Heilwässer an, weil sie die Tätigkeit des Dar-

mes und der Gallenblase anregen und unterstützend beim Abnehmen wirken.

- Den restlichen Tag kann dann Wasser nach individuellem Geschmack getrunken werden. Auch hier gilt: möglichst oft in möglichst kleinen Schlucken.
- Beginnen Sie Ihren Kurtag mit Wechselduschen, da sie nicht nur den Kreislauf auf Trab bringen, sondern auch die Energieverbrennung ankurbeln.
- Die vorgeschlagenen Rezepte können Sie ganz nach Ihrem individuellem Geschmack und gesundheitlichem Bedürfnis variieren. Wichtig ist, dass das Trinken der Säfte und das Essen an diesem Tag bewusst wahrgenommen und erlebt wird. Dieses bewusste »Versorgungserlebnis« des eigenen Körpers steigert die positive Selbstwahrnehmung und das Selbstwertgefühl.
- Der Abend kann dann durch unterschiedlich auf die Stimmung wirkende Kräuter-Öl-Bäder (siehe Kapitel »Seelenbäder für zu Hause«, Seite 99 ff.) und durch eine Meditationsreise durch das Wasser (siehe »Wassermeditation«, Seite 97 ff.) abgerundet werden.

Ob man nun einen Arbeitstag mit diesem Programm anreichert oder ob man diesen »Entschlackungstag« ganz alleine für sich und als Körperpflegetag nutzt, bleibt jedem selbst überlassen. Es wird in jedem Fall ein bewusster, ein gesunder und ein ausgesprochen wohltuender Tag der Woche werden.

Saftfastenkur-Rezepte

Die Säfte aus Obst und Gemüse sollten möglichst frisch gepresst sein. Es können aber auch hochwertige Säfte aus Reformhäusern und Bioläden verwendet werden. Die Saftausbeute mit einer Saftzentrifuge liegt je nach Gemüse- und Obstsorte zwischen 40 und 70 Prozent. Und je nach Geschmack kann dieser Saft dann pur oder mit Wasser verdünnt getrunken werden.

Für den Genuss von Obst, Salat und Gemüse gibt es keine Mengenbeschränkung. Salate sollten Sie allerdings

nicht mit Saucen anreichern. Die eine oder andere Gemüsesorte darf dafür – je nach Geschmacksvorlieben – gedünstet werden. Auf Gewürze sollten Sie am Entschlackungstag ganz verzichten.
Hier finden Sie nun vier Tagesvorschläge, um Ihnen den Einstieg zu erleichtern. Schnell werden Sie diesen Tag lieben und Ihre individuellen Saftmischungen kreieren. Der Fantasie sind keine Grenzen gesetzt. Alles ist eine Frage des Geschmacks und der Bekömmlichkeit.

Saftfastentag – Vorschlag 1

Morgens

- 200 ml sulfathaltiges Heilwasser
- 100 ml Apfelsaft und 100 ml Orangensaft (mischen)
- Obst nach Wahl

Vormittags

- 100 ml Tomatensaft und 50 ml Spinatsaft (getrennt)
- Obst und Gemüse nach Wahl

Mittags

- 100 ml Möhrensaft und 50 ml Selleriesaft (mischen)
- Salat, Rohgemüse und gedünstetes Gemüse nach Wahl

Nachmittags

- 100 ml Birnensaft und 50 ml Gurkensaft (mischen)
- Obst und Gemüse nach Wahl

Abends

- 100 ml Johannisbeersaft
- Obst, Rohkost und gedünstetes Gemüse nach Wahl

Saftfastentag – Vorschlag 2

Morgens

- 200 ml sulfathaltiges Heilwasser
- 100 ml Spargelsaft
- Obst nach Wahl

Vormittags

- 100 ml Orangensaft und 100 ml Pfirsichsaft (mischen)
- Obst und Gemüse nach Wahl

Mittags

- 100 ml Gurkensaft und 100 ml Grapefruitsaft (beide Säfte mischen)
- Salat, Rohkost und gedünstetes Gemüse nach Wahl

Nachmittags

- 100 ml Trauben und 100 ml Kirschsaft
- Obst und Gemüse nach Wahl

Abends

- 100 ml Möhrensaft
- Obst, Rohkost und gedünstetes Gemüse nach Wahl

Saftfastentag – Vorschlag 3

Morgens

- 200 ml sulfathaltiges Heilwasser
- 100 ml Ananassaft und 100 ml Pfirsichsaft (beide Säfte mischen)
- Obst nach Wahl

Vormittags

- 100 ml Blumenkohlsaft
- Obst und Rohgemüse nach Wahl

Mittags

- 100 ml Melonensaft und 100 ml Möhrensaft (beide Säfte mischen)
- Salat, Rohgemüse und gedünstetes Gemüse nach Wahl

Nachmittags

- 100 ml Rhabarbersaft und 100 ml Birnensaft (mischen)
- Obst und Rohgemüse nach Wahl

Abends

- 100 ml Mandarinensaft und 100 ml Traubensaft (beide Säfte mischen)
- Obst und gedünstetes Gemüse nach Wahl

Saftfastentag – Vorschlag 4

Morgens

- 200 ml sulfathaltiges Heilwasser
- 100 ml Sauerkrautsaft
- Obst nach Wahl

Vormittags

- 100 ml Orangensaft und 100 ml Apfelsaft (getrennt verzehren)
- Obst und Rohgemüse nach Wahl

Mittags

- 100 ml Kiwisaft
- Salat, Rohkost und gedünstetes Gemüse nach Wahl

Nachmittags

- 100 ml Kartoffelsaft

Obst und Rohgemüse nach Wahl

Abends

- 100 ml Blumenkohlsaft
- Rohkost und gedünstetes Gemüse nach Wahl

Äußere Anwendungen

Wasser entwickelt erstaunliche Wirkungen auf unsere Gesundheit und unser Wohlbefinden ebenso in seiner äußeren Anwendung – nicht nur in Thermalbädern oder in der Sauna. Auch zu Hause helfen Bäder, Güsse und Wickel über das größte Sinnesorgan des Menschen – die Haut – der Gesundheit.

Sauna, Dampfbad & Co.

Nicht nur die Fortschritte in der Medizin führten gerade in Hinblick auf gesundes Wasser, natürliches Abnehmen und die damit verbundene Entschlackung und Entgiftung zu einem großen Angebot sinnvoller Therapien. Auch das »Zusammenwachsen der Welt« brachte viele Bereicherungen. So eröffnete das Kennenlernen fremder Lebensweisen besonders im Badebereich Einblicke in Methoden und Rituale, die heute aus unserem Kulturkreis nicht mehr wegzudenken sind.

Abhärtung durch Schwitzen

An erster Stelle dieser gesundheitsfördernden »Einwanderer« steht die Sauna. Ihre medizinische Wirkung wird von vielen geschätzt. In erster Linie dient die Sauna der Abhärtung gegen Erkältungskrankheiten. Die Erhöhung der Körpertemperatur während der Schwitzphase (künstliches Fieber) bewirkt innerhalb des Organismus das Gleiche wie echtes Fieber: die Zerstörung von Krankheitserregern durch erhöhte Temperatur.

Empfohlen wird die Sauna aber auch als Therapie bei Störungen des vegetativen Nervensystems. Die Abfolge von Hitze mit anschließendem Kaltbad führt zu Muskelentspannungen, die einige physiologische (körperliche) Effekte zur Folge hat. Der Blutdruck wird gesenkt, während der Kreislauf, der Stoffwechsel und die Atmung angeregt werden. Nicht zu vergessen ist die positive Auswirkung auf das allgemeine Wohlbefinden.

Jungbrunnen Sauna

Ein Saunabesuch bedeutet aber auch eine intensive Hautpflege, die die Hautalterung verlangsamt. Schon unmittelbar nach Betreten des Saunaraums reagiert die Haut. Die Blutgefäße weiten sich, was zu einer verbesserten Durchblutung führt. Die Oberflächentemperatur der Haut kann nach 15 Minuten auf 40 bis 42 °C steigen. Zu einem regelrechten Gefäßtraining kommt es dann, wenn sich die stark erweiterten Gefäße durch die Kaltwasseranwendungen wieder verengen.

Neben diesem Kreislauftraining ist ein weiterer Effekt des Saunagangs die gründliche und dabei sehr schonende Körperreinigung. Die oberste Hornschicht der Haut quillt auf. Die einzelnen verhornten Hautzellen lösen sich und können leicht abgespült werden. Auch für sehr trockene Haut ist die Sauna ein äußerst effektives Pflegemittel. Deren Struktur wird durch die Aktivierung der Schweißdrüsen und durch Wassereinlagerungen in die Hornschicht spürbar verbessert.

Wichtige Saunaregeln

Um die besten Wirkungsweisen der Sauna zu erzielen, gilt es allerdings, einiges zu beachten:

▶ Der Saunabesuch beginnt mit Duschen und gründlichem Abtrocknen. Die Hautoberfläche muss trocken sein, da sonst das Schwitzen verzögert wird.

▶ Da man in der Sauna nackt sitzt oder liegt, wird in Deutschland, der Schweiz und Österreich erwartet, dass man ein großes Handtuch unter sich legt, um die Bank vor Verunreinigungen zu schützen.

▶ Der Mensch reagiert auf die Hitzeeinwirkung mit einer Erhöhung der Körpertemperatur auf bis zu 39 °C. Auf dieses künstliche Fieber reagiert der Körper mit starkem Schwitzen, um über diesen Schutzmechanismus den Körper abzukühlen. Der Wasserverlust ist dementsprechend hoch. Es muss unbedingt auf eine ausreichende Wasserzufuhr nach dem Saunagang geachtet werden.

▶ Auf die insgesamt 8- bis 15-minütigen Aufenthalte in der Saunakabine folgt eine kurze Abkühlungsphase. Die meisten bevorzugen dafür die frische Luft, bei der die Lunge besonders gut Sauerstoff aufnehmen kann und die Atemwege abkühlen. Dieses Luftbad sollte immer vor dem Kaltduschen durchgeführt werden.

▶ Nach einem kurzen kalten Abduschen des Schweißes folgt dann ein kaltes Bad oder ein Guss mit kaltem Wasser.

Die erste Abkühlung sollte immer von den äußeren Körpergliedern zum Herzen hin erfolgen. Neben der Schwalldusche bieten sich auch Tauchbecken, Flüsse, Seen oder das Wälzen im Schnee an.

- Anschließend geht es zur Erhohlung in den Ruheraum, wo es zu einem individuell unterschiedlichen Nachschwitzen kommt. In dieser Phase beginnt der Körper auszukühlen und muss daher gut gewärmt werden. Medizinisch sinnvoll sind warme Fußbäder in den Ruhephasen.
- In der Regel wiederholt man diese Prozedur zwei- bis viermal mit mindestens 30-minütigen Pausen, wobei in der Regel mehr als drei Saunagänge keinen höheren Nutzen mehr erzielen. Da häufigere Saunagänge vor allem ermüdend wirken, wird die Sauna so auch zur Schlafförderung genutzt.

Als zeitliche Faustregel zur Orientierung – bis man seinen eigenen Rhythmus gefunden hat – gilt:

- etwa 10 Minuten Schwitzphase
- etwa 15 Minuten Abkühlphase
- etwa 30 Minuten Ruhephase

Finnische Sauna/Biosauna

Nicht nur in Finnland, sondern auch in Deutschland ist die Sauna nicht mehr wegzudenken. Bei unserem europäischen Nachbarn im hohen Norden ist sie fast in jedem Haushalt zu finden. Da die Finnen Saunen von Kindesbeinen an kennen, gibt es dort keine speziellen Regeln oder Richtlinien. Vor allem Uhren haben in einer Sauna nichts zu suchen. Da die Sauna bei den Finnen auch der Körperreinigung dient, wäscht man sich davor in der Regel nicht. Falls überhaupt Sitzunterlagen benutzt werden, dann sind es oft Leinentücher oder Einmalunterlagen.

In Finnland und auch in unseren Breiten bildet die Trockensauna die traditionellste Form. Die Lufttemperatur beträgt im oberen Bereich 90 bis 100 °C und im unteren Bereich 60 °C. Die Luftfeuchtigkeit liegt nur bei zwei bis fünf Prozent, damit der Schweiß verdunsten kann.

Die Biosauna

Diese Art des Saunierens unterscheidet sich von der finnischen Sauna in zwei Punkten: Die Luftfeuchtigkeit liegt mit durchschnittlich 45 Prozent deutlich höher als bei der klassischen Sauna und sie wird durchschnittlich nur bis maximal 55 °C erhitzt. Besonders die nicht so eingefleischten Saunageher schätzen diese Art des Saunierens sehr, da sie wesentlich kreislaufschonender ist.

Der Aufguss

Ob man nun der finnischen Sauna oder der Biosauna den Vorzug gibt, bei beiden wird ein Aufguss verwendet und sehr geschätzt. Der Aufguss ist das Begießen der heißen Steine des Saunaofens mit kaltem oder lauwarmem Wasser. Dabei verdampft das Wasser und erhöht kurzfristig die Luftfeuchtigkeit. Der Dampfstoß steigt durch die Hitze zunächst nach oben an die Decke der Saunakabine. Durch Verwirbelung der Luft mit einem Handtuch kann er aber gleichmäßig im Raum verteilt werden und sorgt für ein gesteigertes Schwitzerlebnis. Empfindlichen und ungeübten Saunabesuchern wird empfohlen, sich während des Aufgusses auf die unteren Bänke zu setzen, da auf den oberen Bänken der sehr heiße Wasserdampf belastend sein kann.

Aufgusszeremonie

Da dem Aufguss eine zentrale Rolle beim Saunabad zukommt, hat er sich zu einer regelrechten Zeremonie entwickelt, die von Land zu Land verschieden sein kann. Im deutschsprachigen Raum wird für den Aufguss ein hölzerner Aufgusskübel mit etwa fünf Liter frischem Wasser genutzt.

In öffentlichen Saunen wird der Aufguss meist vom Saunameister durchgeführt. Es ist dort unüblich oder sogar verboten, dass Besucher den Aufguss selbst durchführen. Zunächst wird meist frische Luft in den Saunaraum gelassen. Dann folgt wieder eine Phase des Erhitzens und Schwitzens. Portionsweise wird dann mit einem hölzernen Löffel das Wasser auf die Kacheln gegossen. Der Wasserdampf kondensiert, nachdem er im Raum verteilt wurde, auf der kühleren Haut und überträgt dabei seine Hitze auf den Körper. Diese Prozedur wird meist dreimal wiederholt.

Zutaten für den Aufguss

Dem Aufgusswasser werden in der Regel auch unterschiedliche ätherische Öle wie Eukalyptusöl, Geranienöl, Campheröl, Kümmelöl, Mandarinenöl, Melissenöl, Pfefferminzöl, Pimentöl, Rosenöl, Thymianöl, Zimtöl und Öl aus Zitrusfrüchten beigemischt. In der heißen Saunaluft zeigen sie schnell eine körperliche und auch seelische Wirkung. Die ätherischen Öle gelangen über Haut und Schleimhaut in den Blutkreislauf und in das Gewebe. Auf diese Weise beeinflussen sie den gesamten Organismus. Über die Nase gelangen die Duftinformationen ins Gehirn und nehmen Einfluss auf die Gefühle, das vegetative Nervensystem, die Hormonproduktion und das Immunsystem. Da die Duftinformationen über elektrische Impulse in den Nervenbahnen direkt an das Gehirn geleitet werden, kommt es zu einer sofortigen Ausschüttung von Botenstoffen (Neurotransmittern), die zu einer augenblicklichen Veränderung der Stimmung führen.

Spezielle Aufgüsse

Neben den Aufgüssen mit Ölen gibt es noch eine ganze Reihe Aufgussformen für spezielle Belange:

Honigaufguss

Beim Honigaufguss reiben die Saunabadenden nach dem Vorschwitzen oder dem ersten Aufguss den ganzen Körper mit Honig ein. Der Honig wird durch die Hitze sehr flüssig, duftet wunderbar und zieht in die Haut ein. Dort wirkt er hautreinigend und pflegend. Meist werden fruchtige Öle für den Aufguss verwendet.

Eisaufguss

Dem Aufgusswasser werden neben Ölen noch Eiswürfel oder zerstoßenes Eis beigemischt. Zusätzlich wird noch Eis zum Einreiben und Lutschen verteilt.

Salzaufguss

Hier wird der Körper nach dem Vorschwitzen oder dem ersten Aufguss mit Salz eingerieben. Dazu verwendet man entweder grobkörniges Mineralsalz oder auch Kochsalz. Kopf, Genitalbereich und offene Wunden werden ausgespart. Das Salz wirkt schweißtreibend, desinfizierend und entschlackend. Beim grobkörnigen Salz ist die Peeling-Wirkung stärker als beim Kochsalz.

Fruchtaufguss

Während des Aufgusses werden klein geschnittene Obststückchen an die Saunagänger verteilt – eine kleine Stärkung für den zweiten Aufguss.

Birkenaufguss

In der finnischen Sauna sind ätherische Öle kaum üblich. Hier wird entweder nur mit Wasser aufgegossen oder mit einem Birkenwasser, in dem zuvor die Birkenbüschel eingeweicht wurden, die zum Abschlagen der Haut (Quästen) gebraucht werden. Während des Aufgusses mit Birkenwasser klatschen sich die Gäste den Körper selbst oder gegen-

Banja – das russische Bad

Banja ist die Bezeichnung für ein russisches Badehaus, das auch eine Variante der finnischen Sauna ist. Traditionell wird es mit einem Holzofen auf eine Temperatur von 40 bis 50 °C erhitzt. Die hohe Luftfeuchtigkeit wird durch Aufgüsse mit sehr viel Wasser erreicht. Gelegentlich werden dem Aufgusswasser auch Spirituosen wie Wodka oder Bier beigefügt. Bier erzeugt beim Aufguss einen brotähnlichen Duft.

seitig mit frischen Birkenbüscheln ab. Neben der Steigerung der Blutzirkulation wirkt das Quästen angenehm erfrischend.

Hamam – das orientalische Bad

Das orientalische Bad findet in Deutschland immer mehr Anhänger. Es ist eine Abfolge von Warmbad, Schwitzbad und Kaltbad, die durch Massagen, Bürstenmassagen und Schlammpackungen bereichert wird. Neben der Entspannung durch die Wasserdämpfe wirkt der Hamam auch vorbeugend gegen Erkrankungen der Atemwege. Die Poren der Haut öffnen sich und es kommt wie bei der Sauna zu einer vermehrten Ausscheidung von Giften.

Der Ablauf in einem Hamam

- Sie sollten mindestens zwei Stunden Zeit einplanen.
- Beim Eintritt in den Hamam bekommen Sie ein Lendentuch und einen Rubbelhandschuh. Nach der Dusche halten Sie sich zunächst etwa zehn Minuten im Eingang des Badebreichs (Sogulik) auf. Bei 38 °C können Sie sich dort an die Temperatur und die Luftfeuchtigkeit gewöhnen und erste Warmwassergüsse genießen.
- Dann folgt das Sicaklik, ein Wasserbecken mit 36 °C. Hier ist ein Aufenthalt von 15 Minuten zu empfehlen. Auch hier gibt es Warmwassergüsse.
- Dann geht es wahlweise in den Schwitzraum (Halvet) mit einer Temperatur von 45 °C (fünf bis zehn Minuten) oder den Kese (40 °C), ebenfalls fünf bis zehn Minuten. Mit einem speziellen Handschuh reiben Sie dort Ihren Körper ab – Peeling pur. Abschließend wird der Körper mit Wasser gereinigt.
- Der zweite Reinigungsraum ist der Lif. Hier wird der Körper mit Naturseife gereinigt. Man wäscht sich dann wieder mit warmem Wasser ab.

Auch Massagen werden im Hamam angeboten. Das fließende Wasser, das überall zu finden ist, verschafft hygienisches Wohlbefinden.

Sento – das japanische Bad

In der japanischen Kultur spielt das Wasser eine zentrale Rolle. Da Japan über mehr als tausend Thermalquellen verfügt, geht man dort auch sehr gerne im Freien baden. Traditionell wird allerdings auch zu Hause mit der ganzen Familie gebadet. Das öffentliche Bad nennt sich in Japan Sento. Frauen und Männer baden zusammen. Die Wassertemperatur liegt zwischen 45 und 56 °C und kann ohne Übertreibung als heiß bezeichnet werden. Die Haut wird dadurch sehr stark durchblutet, Muskelverspannungen verschwinden dabei wie von selbst.

Vor dem Betreten des Beckens muss man sich ausgiebig reinigen. Es wird erwartet, dass man sich so lange abrubbelt, bis die Haut rosa ist.

Die Legende von den Kappa

Wie in allen Ländern dieser Welt, so haben sich auch in Japan Mythen rund ums Wasser gebildet. Eine davon handelt von den Kappa.

Diese japanischen Wasserdämonen sehen aus wie kleine, nackte Männchen mit einem Schildkrötenpanzer und einer wassergefüllten Vertiefung auf dem Kopf. Sie lauern im Wasser Menschen auf und zerren sie in die Tiefe, um sie zu verspeisen. Es gibt zwei seltsame Arten, um diesem Schicksal zu entgehen. Die eine ist, seinen Namen in eine Gurke zu ritzen und diese ins Wasser zu werfen, falls ein Übergriff stattfindet. Da Kappas Gurken über alles lieben, besteht die Hoffnung, dass sie dadurch abgelenkt werden.

Der andere Weg ist, sich im Fall einer Begegnung vor dem Dämon zu verbeugen. Dieser ist laut japanischer Tradition verpflichtet, sich ebenfalls zu verbeugen, sodass das Wasser aus der Vertiefung seines Kopfes fließt. Solange kein Wasser darin ist, ist der Kappa hilflos. Die Zeit, die der Kappa zum Auffüllen benötigt, sollte dann zur Flucht genutzt werden.

THERMALBÄDER

Warmes Wasser, das mit einer Temperatur zwischen 20 und 50 °C aus den Tiefen des Bodens sprudelt, nutzten schon die alten Römer als heilende Kraft. In vielen Kurorten im deutschsprachigem Raum sind diese Thermalbäder zu finden. Meist enthält das heilende Wasser noch natürliche Zusätze wie Jod, Kohlensäure, Salz, Eisen oder Schwefel. Die Balneotherapie (Heilbädertherapie) hilft bei der Linderung und Heilung unterschiedlichster Erkrankungen sowie bei der Regeneration. Der gesamte Organismus wird durch das warme Wasser umgestimmt und beruhigt. Anerkannt sind auch die schmerzlindernde sowie die ausgleichende Wirkung auf den Hormonhaushalt. Thermalwässer, die zusätzlich noch über Mineralien und Spurenelemte in einer gewissen Zusammensetzung verfügen, werden von diesen in ihren Heilwirkungen mitbestimmt.

Gründliche Körperreinigung

Auch hier gilt es, einiges zu beachten: Wie bei allen Bädern steht am Anfang die gründliche Körperreinigung. In den warmen bis heißen Wässern darf man sich nicht anstrengen. Alle Schwimmbewegungen sollten deshalb ruhig und langsam durchgeführt werden. Ideal ist auch, sich in regelmäßigen Abständen einfach auf dem Rücken treiben zu lassen. Allgemein wird empfohlen, dass ein Thermalbad nicht länger als 20 Minuten dauern sollte. Nach dem abschließenden sehr gründlichen Duschen wird wie nach einem Saunagang mindestens eine halbstündige Ruhepause eingelegt. Dabei sollte darauf geachtet werden, dass der Körper nicht zu sehr auskühlt.

Die wichtigsten Thermalbäder

Jodbäder

In erster Linie verbessert das Baden in jodhaltigem Wasser die Durchblutung und stabilisiert den Kreislauf. Besonders Patienten mit Bluthochdruck und Gefäßerkrankungen schätzen die Wirkung der Jodbäder. Da das Jod beim

Baden auch in den Körper gelangt, kann es auch eine hilfreiche Therapieform bei Schilddrüsenunterfunktion sein.

Kohlensäurebäder

Kohlensäurebäder entlasten das Herz und den Kreislauf, weil Kohlensäure gefäßerweiternd und durchblutungsanregend wirkt. Die Intensität der Wirkung erkennt man an der Hautrötung, die aber schnell wieder vergeht. Kohlensäurebäder sind zur Nachsorge von Herz-Kreislauf-Erkrankungen bestens geeignet.

Schwefelbäder

Schwefel riecht zwar sehr intensiv, unterstützt aber die Heilung chronischer rheumatischer Gelenkentzündungen. Auch bei Hauterkrankungen wie Schuppenflechte, Akne und Ekzemen können gute Heilerfolge erzielt werden. Neben dem Stoffwechsel regt Schwefel auch die Hormondrüsen an.

Solebäder

Heilquellen, die viel Salz enthalten, haben eine positive Wirkung auf das allgemeine Wohlbefinden. Diese so genannten solehaltigen Wässer stärken die Abwehrkräfte, helfen bei vielen rheumatischen Erkrankungen und wirken darüber hinaus auch entschlackend und reinigend.

WASSERBEHANDLUNGEN FÜR ZU HAUSE

Das schon früh erworbene Wissen über die positiven Auswirkungen von Heil- und Thermalquellen und vor allem die Erkenntnis, dass bestimmte Kräuter und Pflanzen eine heilende Wirkung haben, ließen zu allen Zeiten und in allen Kulturen »Naturapotheken« entstehen. Über viele Generation hinweg wurden die Rezepturen daraus lediglich mündlich überliefert. So verschieden diese in der Zusammensetzung aufgrund der unterschiedlichen Vegetation auf der Welt auch waren, eines hatten sie gemeinsam:

Das Mittel zum Transport der gesundheitsfördernden Stoffe in den Körper war immer und überall das Wasser. Es ist überwiegend der einfachen Landbevölkerung zu verdanken, dass viele dieser überlieferten Rezepte aus der Natur bis heute bekannt sind.

Badekultur mit Kneipp

Die ersten Bäder, die der Körperreinigung dienten, sind von den alten Griechen überliefert. Nach der Erfindung der Fußbodenheizung für Wasser und Gebäude und dem damit vorhandenen warmen Wasser für die Körperreinigung entdeckte man später im Römischen Reich die Vorzüge einer regelmäßigen körperlichen Waschung.

Auch in islamisch geprägten Regionen entwickelte sich früh eine ausgeprägte Reinigungskultur mit ihren Badehäusern. Über die Kreuzritter gelangten die ersten Ansätze einer Badekultur dann im 13. Jahrhundert in alle großen europäischen Städte. Die Badehäuser gerieten aber schnell in Verruf, nachdem Ärzte behaupteten, sie wären für die Verbreitung der Seuchen Syphilis und Pest maßgeblich verantwortlich.

»Waschen« ohne Wasser

Es folgte eine Epoche der »Trockenreinigung« unter den Wohlhabenden und dem Adel. Mit Wasser wusch man sich höchstens noch die Hände und spülte den Mund aus.

Waschen – nicht jedermanns Sache

Der Mensch hat auf seinem Weg zum heutigen Gesundheits- und Hygienestandard einige Rückschläge hinnehmen müssen. Besonders betroffen von einer Periode der »Unreinheit« im Mittelalter waren die Oberschicht und der Adel, die aufgrund falscher medizinischer Theorien eine Abneigung gegen Wasser entwickelten.

Anstelle des Wassers verwendete man zur Reinigung trockene Tücher und Puder. Die Pflege konzentrierte sich dabei auf die sichtbaren Stellen des Körpers und vor allem auf die Kleidung. Eine gepflegte Kleidung wurde so zum Symbol für Anständigkeit.

Bei der Landbevölkerung verhielt es sich völlig anders. Sie badete und wusch sich vor der Zubereitung des Essens jedes Mal die Hände. Sogar abgekochtes Wasser zur Reinigung von Wunden wurde genutzt.

Erst gegen Ende des 18. Jahrhunderts brach die Ära der öffentlichen Gesundheitspflege an, der die Oberschicht zunächst jedoch nur langsam folgte.

Der Pfarrer Sebastian Kneipp

Sebastian Kneipp (1821–1897) war einer der großen Wegbereiter in der Geschichte der Medizin, die der Heilkraft des Wassers und der Kräuter in der äußeren Anwendung endlich wieder die Anerkennung verschaffte, die ihr gebührte. Er erhob das Wasser aus der Medizin der armen Leute hin zu dem Stellenwert, den es heute hat. Wasser wurde – sicherlich auch dank des Einsatzes von Sebastian Kneipp – nicht nur zu einem anerkannten Heilmittel, sondern darüber hinaus zu einem salonfähigen Mittel der Körperreinigung.

Hitze und Wasser – gesunde Kombination

Die Haut als unser größtes Sinnesorgan konnte damit wieder eine wichtige Rolle bei der Entschlackung und Entgiftung des Körpers spielen. Und es zeigte sich, dass Bäder, Güsse und feuchte Wickel bei leichten Störungen und Erkrankungen – im Anfangsstadium angewendet – eine sinnvolle Alternative zu Medikamenten sind. Hitze in Verbindung mit Wasser öffnet die Poren und ermöglicht den Abtransport von Schadstoffen und Krankheitserregern über die Haut. Ein ausgewrungener Wickel liefert den Beweis: Das zuvor klare Wasser ist von Schlackenstoffen eingetrübt.

Bäder und ihre heilenden Wirkungen

Überwärmungsbad

Bei einer aufkommenden Erkältung sowie bei Muskelverspannungen hat das Überwärmungsbad schon vielen Betroffenen geholfen. Es ist eine äußerst entspannende Methode, den Körper in eine Art künstliches Fieber zu bringen. Die Badewanne wird dabei bis zur Hälfte mit etwa 39 °C warmem Wasser gefüllt. Dann legen Sie sich hinein und lassen das Wasser bei gleich bleibender Temperatur weiterlaufen.

Die größte Entspannung erreichen Sie dabei, wenn die Atmung gleichmäßig und ruhig verläuft. Dies ist vor allem dann wichtig, wenn Sie auch Ihren Hinterkopf bis zu den Ohren ins Wasser tauchen.

Um die Porenöffnung und die Zirkulation des Blutes unter der Haut noch stärker zu aktivieren, sollten Sie sich in sitzender Position mit einer Bürste die Haut massieren. Tauchen Sie danach nochmals tief bei 39 °C ein. Da das Überwärmungsbad gefäßerweiternd und ermüdend wirkt, sollten Sie sich nur langsam aus dem Bad erheben und im Anschluss schlafen gehen.

Baden mit Kräutern

Beim Kauf von fertigen Kräuterbadezusätzen sollten Sie immer nur hochwertige Produkte aussuchen, die nicht chemisch hergestellt wurden. Besser sind Kräuter aus der Apotheke, dem Reformhaus oder dem Bioladen. Natürlich können auch Kräuter aus eigenem Anbau verwendet werden.

Zur Herstellung des gewünschten Badezusatzes geben Sie eine Hand voll Kräuter in einen Liter Wasser. Lassen Sie das Wasser nur kurz aufkochen, anschließend ungefähr fünf Minuten bei leichter Hitze köcheln und dann fünf Minuten ziehen. Geben Sie den Sud dann durch ein Sieb in das Badewasser.

Die Badedauer sollte ungefähr 20 Minuten betragen. Halten Sie das Badewasser möglichst die gesamte Bade-

Verschiedene Kräuterbäder

Angelikabad: Angelika (Engelwurz) lindert Krämpfe, Koliken, Rheuma und Rückenschmerzen.
Baldrianbad: beruhigt die Nerven und hilft gegen Schlaflosigkeit und Unterleibskrämpfe.
Johanniskrautbad: wirkt bei Beschwerden der Wechseljahre, bei Kopfschmerzen, Gicht und Nervosität.
Kamillenbad: beruhigt, löst Krämpfe, fördert die Durchblutung und hilft bei Erkältungen und Rheuma.
Lavendelbad: stärkt Herz und Kreislauf und wirkt gegen Schlafstörungen.
Melissebad: löst Krämpfe und wirkt gegen Rheuma.
Salbeibad: beruhigt Magen und Nerven und lindert Erkältungssymptome.
Schlüsselblumenbad: sorgt für Entschlackung während grippaler Infekte und Atemwegserkrankungen.

dauer bei einer Ihnen angenehmen Temperatur zwischen 37 und 39 °C.

Wassertreten

Wer sein Immunsystem stärken will, kommt um das Wassertreten nicht herum. Positive Wirkung zeigt es außerdem bei gefäßbedingten Kopfschmerzen und Schlafstörungen. In eine mit einer Gummimatte ausgelegten Badewanne wird wadenhoch kaltes Wasser eingelassen. Wichtig ist, dass die Füße vor dem Beginn des Wassertretens warm sind. Waten Sie dann zwischen zwei und vier Minuten durch das Wasser. Bei jedem Schritt muss der Fuß vollständig aus dem Wasser auftauchen, damit Luft um ihn herum zirkulieren kann. Nach dem Wassertreten die Füße gut abgetrocknen und warme Strümpfe anziehen. Damit sich die Füße schnell erwärmen, sollte man so lange umherlaufen, bis sie angenehm warm sind. Um die positive Wirkung gegen Kopfschmerzen und Schlafstörungen zu nutzen, legen Sie sich anschließend ins Bett.

Güsse und ihre heilenden Wirkungen

Armguss

Rheumatische Beschwerden können mit einem Armguss behandelt werden. Begonnen wird mit dem kleinen Finger der rechten Hand, der kalte Wasserstrahl dann über den Handrücken und den Arm bis zu den Schultern geführt. Lassen Sie das Wasser nun 15 Sekunden über den ganzen Arm fließen. Anschließend führen Sie die gleiche Prozedur mit dem linken Arm durch. Menschen mit zu hohem Blutdruck sollten den Armguss nicht durchführen.

Knieguss

Venenleiden und Krampfadern sind ein weit verbreitetes Übel. Auch hier kann Wasser helfen. Der kalte Wasserstrahl wird vom rechten kleinen Zeh an der Außenseite des Beines hoch bis über das Knie geführt und von dort über die Innenseite des Beines wieder nach unten. Führen Sie anschließend den Guss am linken Bein durch. Knieguss mehrmals wiederholen. Die Haut darf sich allerdings nicht bläulich verfärben. Im Anschluss an den Knieguss sollten Sie die Füße gut abtrocknen und wärmende Strümpfe anziehen.

Schenkelguss

Nicht nur bei Stauungen in den Beinen, sondern auch bei Verdauungsproblemen helfen Schenkelgüsse. Wie beim Knieguss führen Sie den kalten Wasserstrahl vom rechten kleinen Zeh über die Außenseite des Beines, aber dieses Mal bis hoch zur Hüfte. Von dort aus lassen Sie den Wasserstrahl etwa 15 Sekunden lang über das Bein fließen. Abwärts geht es dann mit dem Strahl über die Hinterseite des Beines bis hinunter zu den Fersen. Wiederholen Sie den Vorgang danach mit dem linken Bein. Beenden Sie den Schenkelguss, indem Sie die Fußsohlen mit dem kalten Wasserstrahl abspülen. Beim Schenkelguss sollten Sie unbedingt darauf achten, dass der kalte Wasserstrahl nicht auf Ihre Blase trifft.

Wickel und ihre heilenden Wirkungen

Wadenwickel

Zur Fiebersenkung, bei Schlafstörungen, Lymphstauungen und bei Muskel- und Sehnenverletzungen wirkt der Wadenwickel. Von der Kniekehle abwärts bis zum Knöchel wird gewickelt. Am besten eignen sich Baumwoll- und Leinentücher – und davon mindestens drei Stück. Legen Sie zuerst ein nasses Tuch an und wickeln Sie dann ein trockenes darüber. Zum Abschluss schlagen Sie alles in ein weiteres trockenes Tuch (Handtuch) ein. Wichtig ist, dass Ihre Füße immer warm bleiben. Tragen Sie also bei der Anwendung eines kalten Wickels warme Strümpfe.

- **DER NASSKALTE WICKEL** senkt Fieber. Sobald sich das innere Tuch erwärmt hat, muss es gewechselt werden.
- **DER FEUCHTKALTE WICKEL** wirkt bei Schlafstörungen und Lymphstauungen. Das ausgewrungene Tuch kann bis zu zwei Stunden am Unterschenkel bleiben.
- **DER FEUCHTWARME WICKEL** ist sinnvoll bei Muskel- und Sehnenverletzungen, hilft aber auch bei rheumatischen Beschwerden.

Halswickel

Der Halswickel hat sich bei Heiserkeit, Halsentzündungen und bei Nasennebenhöhlenentzündungen bewährt. Die Wickel werden auf die gleiche Art wie beim Wadenwickel gelegt.

- **DER FEUCHTKALTE WICKEL** ist bei Heiserkeit zu empfehlen. Die Behandlungsdauer sollte dafür zwischen 30 und 60 Minuten liegen.
- **DER FEUCHTWARME WICKEL** wirkt bei Nasennebenhöhlenentzündungen. Auch hier liegt der Behandlungszeitraum zwischen 30 und 60 Minuten.

Brustwickel

In der Erkältungszeit kommt man um den Brustwickel zur Schleimlösung kaum herum. Sitzt der Schleim tief in den Bronchien, hilft dieser Wickel, ihn zu lösen. Legen Sie den feuchtheißen Wickel dabei von den Achselhöhlen abwärts bis zum Nabel an. Der Wickel darf aber auf Ihrer Haut nicht zu stark abkühlen, da er den Infekt sonst möglicherweise noch verstärkt.

Lendenwickel

Entwickelt wurde der Lendenwickel vom Begründer der Kaltwasserbehandlung Vinzenz Prießnitz (1799–1851). Zusätzlich zu einer ärztlichen Behandlung hilft er bei Leber-, Gallenblasen-, Nieren- und Harnblasenbeschwerden. Der Wickel wird vor dem Einschlafen angelegt.

Der große Lendenwickel reicht vom Rippenbogen abwärts bis zum Oberschenkel. Zurren Sie ihn in der Taille gut fest, damit er straff anliegt. Der kleine Lendenwickel wird von der Hüfte abwärts bis zum Po gewickelt.

- **Der feuchtkalte Wickel** ist bei chronischen Beschwerden der Organe hilfreich.
- **Der körperwarme Wickel** unterstützt die Heilung der Organe, wenn entzündliche Vörgänge vorliegen.
- **Der heisse Wickel** ist eine erste Hilfe bei akuten Gallen- und Nierenkoliken. Er lindert den Schmerz, erspart aber nicht den dringenden Gang zum Arzt.

Inhalationen und ihre heilenden Wirkungen

Eine effektive Art, Atemwegsinfektionen zu behandeln, ist die Inhalation mit Wasserdampf. 24 Stunden am Tag kämpfen unsere Schleimhäute gegen Bakterien und Viren und bauen eine Schutzbarriere gegen Staub auf. Wichtigstes Hilfsmittel dabei ist einmal mehr das Wasser. Nur wenn die Schleimhäute gut befeuchtet sind, können sie ihre Arbeit zu unserem Nutzen verrichten. Haben wir zu wenig getrunken und uns in zu trockenen Räumen aufgehalten, können Bakterien und Viren die Schutzbarrieren überwinden.

Wasserdampf-Inhalationen helfen den Schleimhäuten, sich zu regenerieren und die unerwünschten Besucher unseres Körpers wieder loszuwerden.

Und so wird es gemacht

- Kochen Sie in einem großen Topf Wasser auf. Nehmen Sie den Topf von der Herdplatte und stellen Sie ihn auf einen stabilen Tisch. Dann geben Sie je nach individuellen Vorlieben Kräuter und Öle in das heiße Wasser.
- Nun beugen Sie Ihren Kopf darüber und breiten ein großes Handtuch zur Abdeckung über sich und den Topf. Atmen Sie nun wechselweise durch Mund und Nase tief ein und aus.
- Die Inhalation sollte etwa fünf bis zehn Minuten dauern. Anschließend sollten Sie nicht sofort an die frische Luft gehen.
- Am häufigsten werden Menthol, Eukalyptusöl, Latschenkieferöl, getrockneter Salbei und getrocknete Kamillenblüten für die Inhalation verwendet. Jede Substanz kann einzeln oder in einer Mischung verwendet werden.

Die ganzheitliche Heilkraft des Wassers

Wasser ist Allround-Medizin: Es entfaltet in verschiedenen inneren und äußeren Anwendungen seine erstaunliche Heilkraft, und ebenso vielfältig sind seine therapeutischen Wirkungen für unser seelisches Wohlbefinden. Auf den folgenden Seiten erfahren Sie, wie hilfreich Wasser für die Tiefenentspannung und das innere Gleichgewicht ist.

Bedeutung des Wassers in Religion, Mythologie & Psychologie

Wasser galt von jeher als reinigendes Element im Sinne eines Mediums, das Geist und Seele verwandeln kann. Reinen, klaren Quellen und strömenden Flüssen, die niemals zu versiegen schienen, wurde diese Reinigungskraft nachgesagt. Gleichzeitig war fließendes Wasser auch der Inbegriff des Lebens und der Hoffnung.

Die Paradiesvorstellung aller Religionen spiegeln dies wider: »Der Herr ist mein Hirte ... und führet mich zu frischem Wasser« heißt es im Alten Testament.

Im Koran sind »Gärten, durcheilt von Bächen« ein immer wiederkehrendes Symbol für das Paradies.

Die buddhistischen Vorstellungen vom Paradies verheißen in blumiger Sprache: »In diesem Land fließen die verschiedensten Flüsse ... All jene Flüsse sind herzerfrischend. Sie führen Wasser mit allerlei süßen Düften ... und ihr Rauschen ist voll süßer Musik.«

Himmlische Gnadenflüsse

Der Ursprung vieler Flüsse wurde daher auch in den Himmel gelegt. Der Fluss von oben ist nach jüdischer Tradition der des himmlischen Gnadeneinflusses. Es gibt heilige Flüsse: die vier Paradiesflüsse Pison (Indus), Gihon (Ganges), Hiddekel (Tigris) und Euphrat. Sie kommen aus dem Himmel, fließen aber dann vom Zentrum aus in der Horizontalen weiter, nach den vier Grundrichtungen bis zum Ende der Erde.

Diese Vorstellung stimmt mit der indischen überein. Nach dem Glauben der Inder fließen die vier Hauptflüsse Asiens – Bramaputra, Ganges, Indus und Oxus – aus dem Paradies oder vom Himmelsberg Meru.

Den vier Paradiesflüssen entsprechen allerdings auch vier Höllenflüsse, die aus der griechischen Mythologie überliefert wurden: Styx, der Fluss des Schreckens, Acheron, der Fluss der Schmerzen, Cocytus, der Fluss der Wehklagen, und Phlegeton, der Feuerfluss.

Heilsam, aber gefährlich

Kein Wunder also, dass wir Menschen im Laufe unserer Geschichte eine zwiespältige Einstellung zum Wasser gewannen. Es war auf der einen Seite heilig und heilsam, auf der anderen Seite barg es aber auch große Gefahren in sich. Ausgelöst wurden diese Ängste zudem durch die gewaltige zerstörerische Kraft, die das Wasser bei Naturkatastrophen – wie beispielsweise Sturmfluten – entwickeln kann. Wasser war die Quelle des Lebens und auch die Quelle des Todes.

Wasser-Traumdeutung

- Allgemeine Bedeutung des Symbols Wasser: das eigene emotionale Sein, die eigene Sinnlichkeit, die eigene Sexualität
- Ein Traum über ein stehendes Gewässer kann anzeigen, dass sich die betreffende Person in einer ruhigen, sanften Lebensphase befindet.
- Ein Traum mit bewegtem Wasser wie in einem Bach kann darauf hinweisen, dass die emotionale Welt Veränderungen unterworfen ist.
- Schnelles, rauschendes Wasser wie bei einem Wasserfall oder den Wellen des Meeres kann anzeigen, dass schnelle emotionale Veränderungsprozesse stattfinden. Eine Schwelle wurde erreicht, an der alle Kontrolle losgelassen und die Lebenskraft befreit wird.
- Träume von einer Brandung am Strand können auf die Wechselwirkung zwischen den Emotionen und der Realität hinweisen.
- Große Wogen, die auf den Strand zurollen, können auf kommende entscheidende emotionale Ereignisse hinweisen. So wie man sich in dem Traum dabei fühlt, wird aufgezeigt, ob es eine Zeit des Glücks, der Angst oder des Verstehens sein wird.

Die eine Seite spiegelt der Glaube an »das Wasser des Lebens« wider – jenes Wasser, das Gesundheit und ewige Jugend verleiht. Es ist ein uraltes Bild für die menschliche Sehnsucht nach Unsterblichkeit. Den meisten Völkern ist diese Mythologie bekannt.

Sowohl in europäischen als auch in asiatischen Märchen werden drei Königssöhne ausgesandt, um für den erkrankten Vater das Wasser des Lebens zu holen. Der jüngste findet es, die beiden älteren nehmen es ihm jedoch wieder weg. Sie werden aber überführt und bestraft. Die Tiefenpsychologie sieht im Weg des Märchenhelden zum Lebenswasser den Weg des Bewusstseins zum eigenen Unterbewusstseins.

Wassermythen und -symbolik

In allen Kulturen auf der Welt entwickelten sich durch die zwiespältige Einstellung des Menschen zum Wasser Mythen über Wassergeister, Wasserdämonen, Nixen und Wasserzwerge, die besonders hässlich waren und den Menschen Wechselbälge in die Wiege legten. Hierzulande am weitesten verbreitet war der Aberglaube an Wassermann, Hakelmann und Krappenmann. Am Rhein war die Untermutter die Schreckgestalt für kleine Kinder, an der Weser die Mettje, in Mecklenburg die Wassermuhne und in Ostpreußen die Wassermutter.

Die männliche Nixe war ursprünglich ein Wasserungeheuer tierischer Art. In Sagen ist es bösartig und alt. Es lockt die Menschen durch seine dem Ruf eines Ertrinkenden ähnliche Stimme. Die Wasserjungfrau, die weibliche Nixe, erscheint hingegen als Mischwesen aus menschlichem Oberkörper und dem Schwanzteil eines Fisches.

Bedeutung des Wasser als weibliches Symbol

Neben der Bedeutung des Wassers für Religion, Mythologie und Psychologie hat sich die Wissenschaft auch mit dem Wasser in Bezug auf das Symbol des Weiblichen beschäftigt. Hier wird das Wasser als die Mutter aller

Dinge angesehen, die alles Leben gebahr. Darüber hinaus ist Wasser auch eine Metapher für die Liebe. Wie Wasser bleibt die Liebe bei dem Mann, der sie leicht wie in einer offenen, hohlen Hand hält. Der Mann aber, der sie krampfhaft festzuhalten versucht, muss feststellen, dass sie ihm davonfließt.

Wasseradern – nur ein Mythos?

Mit dem Begriff »Wasserader« werden allgemein vermeintlich unterirdische Wasserläufe wie Flüsse und Bäche bezeichnet. Wünschelrutengänger und Menschen, die sich mit Radiästhesie (Strahlenwahrnehmung) beschäftigen, sind überzeugt, dass Wasseradern zu Abweichungen der – wissenschaftlich nicht belegten – Erdstrahlen und des natürlichen Erdmagnetfelds führen. Schlafplätze über solchen Störfeldern sollten vermieden werden, weil sie zu Bettnässen, Unruhe, Herzrasen, Verspannungen, Depressionen, Kopfschmerzen, Leukämie und anderen Krebserkrankungen führen können.

Wissenschaftlich betrachtet sind Wasseradern unterirdische Flüsse. Das Phänomen ist aber sehr selten und tritt nur in verkarsteten Gebirgen und Schotterböden auf. Grundwasser fließt zwar unter normalen Umständen auch, aber eben nur wenn ein Gefälle vorhanden ist. So ist Grundwasser eher als eine Art nass-schwammiges Erdreich anzusehen, von dem Deutschland förmlich durchzogen ist. Kritiker machen deshalb darauf aufmerksam, dass es eigentlich schwer ist, bei uns keine Wasserader in Form von Grundwasser zu finden. Die Vorstellung, dass Wasseradern gesundheitliche Probleme verursachen können, liegt wohl auch in diesem Bereich im alten Volksglauben begründet. Überall wurden früher unterirdische Wasserströme vermutet, über die Verstorbenen ins Reich der Toten befördert wurden. Derartige Ströme konnten demnach nichts Gutes verheißen.

Die Entwicklung der Reinigungsrituale

Die unzähligen Mythen und Vorstellungen, die sich im Lauf der Menschheit entwickelten, führten auch dazu, dass sich kaum eine Grenze zwischen der spirituellen Reinigung und dem Waschen um der Gesundheit willen ziehen lässt. Manche religiösen Waschrituale lesen sich daher auch wie detaillierte Hygienevorschriften. Zwar lag vielen Ritualen wahrscheinlich auch ein Wissen um das Risiko von krankheits- oder todbringenden Berührungen, etwa von Kadavern, zugrunde, die spirituelle Reinigung stand jedoch in allen kultischen und religiösen Waschungen und Bädern im Mittelpunkt. So auch im jüdischen-orthodoxen Leben.

Nur »natürliches Wasser« kann reinigen

Ist eine Person im jüdisch-orthodoxen Glauben unrein *(tame)* geworden – etwa durch Berührungen eines Toten –, so kann sie nur durch das vollständige Untertauchen in »natürlichem Wasser« wieder rein *(tahore)* werden. »Natürliches Wasser« entnahmen die Menschen früher meist direkt der Erde, aus Quellen oder Brunnen. Die zunehmende Verstädterung zwang sie jedoch dazu, Regenwasser zu nutzen. Dies wird in »Mikwen« (Becken) gesammelt. Das Regenwasser muss dabei möglichst direkt in die Mikwe geleitet werden und darf nicht mit Gefäßen transportiert werden. Trotz einiger Modernisierungen ist dieses Ritual seit fast 4000 Jahren unverändert geblieben.

Fließendes Wasser erforderlich

Auch im Islam spielt Wasser von jeher eine zentrale Rolle. Vor jedem Betreten der Moschee, vor jedem Gebet und auch vor dem Lesen des Korans muss der gläubige Moslem eine rituelle Reinigung vornehmen. Für diese Waschung ist fließendes Wasser unerlässlich. Die meisten Moscheen verfügen deshalb über einen eigenen Brunnen. Bei der »kleinen Waschung« müssen Hände und Unterarme, Gesicht und Füße gewaschen und ein Viertel des Kopfes befeuchtet werden. »Die »große Waschung« ist nur in einem islamischen Bad (Hamam) möglich. Alles muss gereinigt werden – unter fließendem Wasser.

Symbol der Aufnahme

In den Anfängen des Christentums gab es auch ein Bad, das große spirituelle Bedeutung hatte – das Fußbad. Johannes der Täufer besiegelte durch das Untertauchen im Jordan die Umkehr, die Zuwendung zu Gott. Die Zeremonie der Taufe symbolisiert bis in unsere Zeit die Aufnahme eines Menschen in die Religionsgemeinschaft.

Große Vielfalt an Ritualen

Eine große Vielfalt religiöser und spiritueller Rituale mit Wasser gibt es auch an indischen Flüssen. Gläubige Hindu, Verzweifelte und nach Erleuchtung Suchende pilgern in Indien zu tausenden zum heiligen Fluss Narmada. Dort hoffen sie auf Erlösung und Heilung.

In hinduistischen Distanzritualen nach dem Tod eines Menschen unterziehen sich die Familienmitglieder an den darauf folgenden ungeraden Tagen einem Bad. So soll die Ablösung des Toten von den Hinterbliebenen erleichtert und die innere Ordnung der Trauernden wieder hergestellt werden. Ein abschließendes Bad am elften Tag beendet dieses Ritual.

Wassermeditation

Die enge Verbindung des Menschen mit Wasser zeigt sich also nicht nur auf der körperlichen Ebene, sondern auch sehr deutlich auf der geistigen. Religion, Mythologie und Psychologie beweisen, wie stark der Mensch für sein inneres Gleichgewicht den Bezug zum Lebenselixier braucht.

So kann eine meditative Wasserreise tief entspannen. Diese Reise kann beliebig oft wiederholt werden und hat zum Ziel, dass das Leben als Fluss von Ereignissen verstanden wird. Den Problemen des Alltags kann man mit diesem Verständnis leichter begegnen.

So funktioniert die Wassermeditation

- Bei der Wassermeditation muss sich der Meditierende visuell und gefühlsmäßig genau vorstellen, dass er ein Fluss ist. Wichtig ist die Identifizierung mit dem Fluss in der Art, dass die Steine im Flussbett förmlich gefühlt werden. Auch soll man spüren, wie das Wasser sprudelt, wie es Sand und kleine Steine am Ufer langsam mit sich führt. Die Selbstwahrnehmung muss dabei so ausgerichtet werden, dass der Meditierende sich selbst als strömenden Fluss empfindet.
- In dieser fließenden Vorstellung erreicht der Fluss eine Klippe und wird zu einem Wasserfall. Wassertropfen lösen sich dabei vom Fluss. In diesem Augenblick soll der Meditierende seine Identität ändern und selbst zu einem Wassertropfen werden. Der fallende Tropfen ist dabei in dieser Vorstellung so schnell wie das herabstürzende Wasser. Wasserfall und Wassertropfen münden dann in einen See.
- Nun wechselt der Meditierende wieder seine Identität und nimmt die des ruhigen Gewässers an. Dabei konzentriert er sich ganz auf die Sanftheit und vor allem die Tiefe des Sees. Nach einiger Zeit soll in der Vorstellung und im Erfühlen eine weitere Kraft spürbar werden – die Strömung.
- Mit diesem Strom reist der Meditierende nun in einen weiteren Fluss, bis er ins Meer mündet. Nun verlagert der Meditierende seine Identität auf das Meer. Ist dies gelungen, soll sich die Vorstellungskraft darauf richten, dass dieses Meer Myriaden von Lebewesen enthält.
- Ist dies ebenfalls geschafft, folgt ein erneuter Identitätswechsel. Die Kraft der Sonne lässt Wasserdampf emporsteigen. Mit ihm steigt der Meditierende immer weiter aufwärts und konzentriert sich darauf, dass er auf seinem Weg nach oben an Dichte zunimmt. Nun identifiziert sich der Meditierende mit einer Wolke, die sanft über das Meer in Richtung Land weht. Jetzt beginnt es zu regnen. Der Meditierende fällt als Tropfen in den Fluss, wo die Reise begonnen hat. Der Kreislauf ist geschlossen.

Spaßmacher Regen

Regen macht nicht nur schön, er hellt auch die Stimmung auf. Allerdings nur dann, wenn man ihn nicht nur durch das Fenster betrachtet, sondern einen Spaziergang durch die nasse Witterung wagt. Zwar wird Ihre Frisur schaden nehmen, nicht aber das Haar. Trockenes, sprödes Haar wird im Regen weicher als durch kalkhaltiges Leitungswasser. Auch die Haut wird es Ihnen danken. Der Regen lässt sie viel rosiger erscheinen.
Sie können darüber hinaus im Regen meditieren. Wer versucht, sich auf die Tropfen, die auf die Haut treffen, sowie auf das Prasseln auf den Blättern zu konzentrieren, erreicht Tiefenentspannung.

Seelenbäder für zu Hause

Wer einen Spaziergang durch den Regen nicht mag, kann seine Stimmung auch durch ein Seelenbad im heimischen Badezimmer beeinflussen. Je nach Bedarf und Stimmung wird das Baden mit verschiedenen Essenzen zu einem Kurzurlaub.

Mischen Sie die im Folgenden vorgestellten ätherischen Öle mit etwas Sahne und gießen Sie sie ins Badewasser.

Sie suchen Entspannung?

▶ Geben Sie 5 Tropfen Basilikumöl, 5 Tropfen Vetiveröl sowie 3 Tropfen Zypressenöl dem Badewasser hinzu.

Sie suchen Erfrischung?

▶ Geben Sie 6 Tropfen Pfefferminzöl und 6 Tropfen Mandarinenöl in das Badewasser.

Sie wollen Ihre Konzentrationsfähigkeit steigern?

▶ Geben Sie je 5 Tropfen Rosmarin und Eukalyptusöl sowie 3 Tropfen Teebaumöl in das Badewasser.

Sie wollen besser schlafen?

► Geben Sie je 5 Tropfen Baldrian- und Melissenöl in das Badewasser.

Sie wollen Ihre Stimmung aufhellen?

► Geben Sie 6 Tropfen Lemongrassöl und 6 Tropfen Bergamotteöl in das Badewasser.

Sie wollen mehr Power?

► Geben Sie 4 Tropfen Rosmarinöl, 4 Tropfen Pfefferöl und 2 Tropfen Muskatnussöl in das Badewasser.

AQUA-WELLNESS

Wer Entspannung in seinem Leben vermisst, der ist vermutlich im Bereich Aqua-Wellness bestens aufgehoben. Die idealen Erlebnis-Temperaturen für diese Form der Entspannung liegen zwischen 26 und 30 °C. Neben der Lösung von muskulären Verspannungen geht es vor allem um Tiefenentspannung, das Zu- und Loslassen von Gefühlen, Ausgeglichenheit und dem Zu-sich-selbst-Finden.

Bei Aqua-Wellness fließen Elemente der Meditation und des Bewegungssports ineinander. Sie ist nicht nur gut für Geist und Seele, sondern auch hilfreich bei Rheuma, Arthritis, Schlafstörungen und vielem mehr. Einige dieser »seelischen Wassersportarten« werden wegen ihrer heilenden Wirkung auch von Ärzten verschrieben.

Water-Balancing

Schweben im Wasser, bei gleichzeitiger Schonung von Muskeln und Gelenken – das ist Water-Balancing. Diese Form der Aqua-Wellness setzt sich in der Regel aus drei Teilen zusammen und dauert rund zwei Stunden.

Drei Phasen

► Der erste Teil besteht aus dem schwerelosen Treiben im Wasser, der damit verbundenen vollkommenen Entspannung durch Loslassen und dem »Water-Float-Balancing«. Dabei liegen Sie ganz ruhig und mit geschlossenen Augen auf einer Schwimmhilfe und werden vom so genannten Balancer, dem Begleiter beim Water-Balancing, durch das Wasser geführt und massiert. Zusätzlich kommen auch in Ansätzen alternative Heilverfahren wie Reiki und Reflexzonenmassage zum Einsatz.

- In der zweiten Phase, dem Water-Swimming-Balancing, wird auf die Schwimmhilfe verzichtet und der Balancer dehnt und zieht Sie mit sanfter, treibender Dynamik durch das Wasser.
- In Phase drei, dem Water-Deep-Balancing, geht es mit Hilfe des Wassertherapeuten unter die Wasseroberfläche. Ausgerüstet mit einer Nasenklemme werden Sie im Einklang mit Ihrer Atmung unter Wasser gerollt und gedreht. Hierbei steht vor allem das Urvertrauen im Vordergrund. Wer sich wirklich fallen lassen kann, erlebt in einem Zustand sorgloser Schwerelosigkeit ein enormes Maß an Tiefenentspannung und das Gefühl, »wie neu geboren zu sein«.

Unterstützend wird Water-Balancing bei rheumatischen Erkrankungen und Arthrose eingesetzt sowie bei Schlaganfällen, Schlafstörungen und Migräne.

Watsu

Der Begriff »Watsu« setzt sich aus »Wa«-sser und Shia-»tsu« zusammen und ist eine sehr wirksame Therapieform für den Körper, die 1980 von Harold Dull aus dem Zen-Shiatsu entwickelt wurde. Das Wasser hat dabei eine Temperatur von 35 °C. Die Wärme des Wassers und die ausgefeilten Körperübungen helfen hervorragend bei Verspannungen der Wirbelsäule, da der gesamte Bewegungsapparat auf sanfte und harmonische Weise fließende Bewegungen durchführt.

Die gewohnten Bewegungsmuster Ihres Körpers sind beim Watsu nicht vorhanden, sodass Ihr Körper für einige Zeit alle eingefahrenen Abläufe vergessen kann. Auch hier ist das Loslassen-Können eine wichtige Erfahrung. Der Wassertherapeut führt Sie liebevoll durch die Schwerelosigkeit. Die entstehende Geborgenheit vertieft die Atmung, die die Entspannung verstärkt. In dieser Entspannungsphase werden dann Dehn- und Streckübungen durchgeführt, die die Beweglichkeit steigern und auch emotionale Verspannungen lösen.

WaTa – Wassertanzen

Entwickelt wurde das Wassertanzen von den Schweizer Therapeuten Peter A. Schröter und Arjana Claudia Brunschwiller. Es ist eine sehr dynamische Bewegungsart, die eher für Fortgeschrittene geeignet ist, die schon Erfahrungen mit Watsu gemacht haben. Wie beim Watsu bleiben Sie selbst passiv.

Der Ablauf des Wassertanzens

Beim WaTa sind Sie mit einer Nasenklemme ausgerüstet und werden vom Wassertherapeuten mit sanften Dehnungsübungen zum Tanz unter der Wasseroberfläche geführt. In der Einführungsphase finden die Übungen allerdings an der Oberfläche statt. Wie beim Water-Balancing stellt sich der Therapeut ganz auf Ihre inividuelle Atmung ein. Einige Abläufe des Tanzes erinnern auch an Meditation und Aikido.

Es werden sieben verschiedene Grundformen der Bewegungen praktiziert: »der Purzelbaum«, »die Schlange«, »Aikido«, »die Rolle«, »die Inversion«, »das Freilassen« sowie »der Umfang«.

Durch die Anwendung von Hebelgriffen werden die Gelenke von Verspannungen befreit. Auch für die Wiederherstellung des seelischen Gleichgewichts ist WaTa geeignet: Die Über- und Unterwasserbewegungen führen dazu, dass sich körperliche Verspannungen lösen – und damit auch angestaute Gefühle und emotionale Blockaden. Dieser Effekt ähnelt dem der durch regelmäßige Meditation erreicht werden kann.

Warmwasser-Rebirthing

Eine spezielle Form der Atemtherapie ist das Rebirthing, dessen Schwerpunkt die Tiefenatmung ist. Durch das bewusste Atmen wird Ihre ganze Aufmerksamkeit in den eigenen Körper gelenkt, um Erinnerungen und Erfahrungen in das Bewusstsein zurückzuholen. Mit Hilfe des Therapeuten können Sie diese tief greifenden Erlebnisse noch einmal durchleben und danach loslassen.

Während des Wasser-Rebirthing atmen Sie in der Körperhaltung eines Embryos durch einen Schnorchel. Auf diese Weise wird die Schwerelosigkeit im Mutterleib nachgestellt. Die Geborgenheit ermöglicht den Zugang zu unbewussten Gefühlen und zu verborgenen Kräften.

Aqua-Motion

Aus verschiedenen Techniken der Physiotherapie und dem Watsu wurde die Aqua-Motion für Menschen entwickelt, die in orthopädischer und in Schmerzbehandlung sind. Auch schwangere Frauen, die Probleme mit ihrer Beckenmuskulatur haben, schätzen diese Form der Wassertherapie.

Neben der Erweiterung des Bewegungsradius steht die Lockerung von steifen Gelenken und die Stärkung der Lendenwirbelsäule durch den Therapeuten im Vordergrund.

Aqua-Lomi

Den Körper mit dem Geist zu verbinden, ist das Hauptanliegen der Wassermassageform Aqua-Lomi. Sie entwickelte sich aus der hawaiianischen Lomilomi-Nui-Massage.

Die im Körper vorhandenen wellenartigen Bewegungen werden im Wasser vom Therapeuten nachvollzogen. Nach dem ersten Lösen von Verspannungen geht es auf dem Massagetisch mit reichlich Öl weiter. Diese Massagetechnik macht ihrem Namen alle Ehre. Lomi bedeutet nämlich »drücken, kneten«. Mit dynamischen, tänzelnden Bewegungen verstreicht der Masseur mit seinen Unterarmen das Öl auf dem Körper des Behandelten. Die fließenden

Bewegungen lassen dabei das Gefühl entstehen, dass sich alles im Fluss befindet.

Aqua-Qi-Gong

Qi Gong ist die altüberlieferte chinesische Heillehre für Körper und Seele. Es beinhaltet verschiedene Fitness- und Meditationsübungen. Qi Gong soll den Fluss der Lebensenergie »Qi« stärken und auf diesem Weg Körper, Geist und Seele im Gleichgewicht halten. Verspannungen werden gelöst und die Selbstheilungskräfte aktiviert.

Charakteristisch für Aqua-Qi-Gong sind die langsamen Bewegungsabläufe. Sie wirken sehr leicht und elegant. Nicht der Muskelaufbau, sondern die Geschmeidigkeit von Muskeln, Bändern und Sehnen stehen im Mittelpunkt des Trainingsinteresses.

Oft werden die Bewegungen von Tieren nachgeahmt, denen man im alten China bestimmte Eigenschaften zusprach. So galt beispielsweise der Kranich als ausdauernd. Auch seine Leichtigkeit wurde bewundert. Der Tiger beeindruckte die Chinesen hingegen mit seiner Stärke und seinem Mut. Dementsprechend sind auch die einzelnen Übungen ausgerichtet.

Floating

Der amerikanische Gehirnforscher Dr. John Lily entwickelte 1954 den Floating Tank, um die Wirkung der Schwerelosigkeit auf die menschliche Psyche zu erforschen. Dieser »Schwebetank« ist mit körperwarmem Solewasser gefüllt, das so hoch konzentriert ist, dass Sie darin schweben.

Das Wasser steht in den völlig geschlossenen Tanks etwa 25 Zentimeter hoch – völlig ausreichend, um das Gefühl völligen Losgelöstseins entstehen zu lassen.

Neben der Entgiftung und Entwässerung des Körpers geht es beim Floating hauptsächlich um die Tiefenentspannung. Viele scheuen sich aber vor dieser Therapieform, weil sie klaustrophobische Ängste befürchten. Das Floating-Bad dauert in der Regel ein bis drei Stunden. Je nach Wunsch kann es dunkel sein oder der Tank wird mit Dämmerlicht ausgestrahlt. Auch eine musikalische Untermalung ist möglich. Positive Wirkungen zeigt das Floating beim Burn-out-Syndrom, bei Hauterkrankungen, Rückenproblemen, Gelenkschmerzen, Verspannungen, Depressionen und Schmerzen. Epileptiker und Nierenkranke sollten zuvor aber mit ihrem Arzt sprechen, ob diese Behandlungsart für sie infrage kommt.

Gesunde Aqua-Fitness

Dieses Kapitel zeigt Ihnen die sportliche Seite der Verbindung zwischen Mensch und Wasser. Hier erfahren Sie alles Wissenswerte über die besten Fettverbrennungssportarten und wie der anstrengende »Kampf« gegen den Widerstand des Wassers aussehen kann.

SCHWIMMEN – GESÜNDER GEHT'S KAUM

Sport im Wasser ist ein äußerst effektives Fitnessprogramm, um die Kondition zu steigern und Muskeln aufzubauen. Anders als bei Sportarten wie Radfahren oder Joggen wird wirklich der gesamte Muskelapparat beansprucht – und das auf äußerst geschlenkschonende Weise.

Außerdem werden nicht nur die oft vernachlässigten Oberkörper- und Armmuskeln trainiert, sondern durch Wassersport können Sie auch die Beweglichkeit der Schultergelenke verbessern und die Koordination zwischen Arm- und Beinbewegungen schulen.

Da alle Wassersportarten echte Fettkiller sind, unterstützen sie eine wasserhaltige Diät wirkungsvoll. Darüber hinaus ist der Schwimmsport ideal für Fitnesseinsteiger und Schwangere.

Vorteile des Schwimmens

- Schwimmen stärkt das Herz-Kreislauf-System, weil jede Bewegung gegen den sanften Widerstand des Wassers ausgeführt werden muss.
- Gezieltes Schwimmen ist aus diesem Grund ein echter Fatburner. Die dabei ausgeführten gleichmäßigen Bewegungen halten die Energieverbrennung auf einem konstant hohen Niveau.
- Gleichzeitig kommt es beim Wassersport sehr selten zu Überbelastungen, da der Auftrieb des Wassers den Körper von seinem Gewicht befreit. Bewegungsmuskeln können kraftvoll trainiert werden, während Haltungsmuskeln Entlastung finden.
- So können selbst bei Zerrungen, Gelenkverletzungen und Muskelschmerzen leichte Einheiten des Schwimmtrainings durchgeführt werden.
- Das strömende Wasser massiert Muskeln und Bindegewebe gleichermaßen. So wird neben der allgemeinen körperlichen Entspannung auch wirkungsvoll Wassereinlagerungen und Zellulite vorgebeugt.

Regelmäßiges Schwimmtraining

Allerdings bringt nur ein regelmäßiges Training von zwei- bis dreimal in der Woche sichtbare Erfolge. Eine Stunde Zeit sollte dabei mindestens eingerechnet werden. In der Anfangsphase erzielen Sie die besten Trainingsergebnisse, wenn Sie zehnmal 100 Meter schwimmen. Zwischen den einzelnen Streckenabschnitten sollten Sie nur maximal 20 Sekunden Pause machen.

Haben sich Kraft und Kondition durch das Tranining verbessert, gilt folgende Formel: 100 Meter Einschwimmen – 10 Sekunden Pause, 200 Meter Schwimmen mit höherem Tempo – 10 Sekunden Pause, 500 Meter Schwimmen – 20 Sekunden Pause, 200 Meter Schwimmen – 10 Sekunden Pause. 100 Meter leichtes Ausschwimmen.

In der dritten Trainingsphase können Sie dann zum Dauerschwimmen übergehen. Nach 100 Meter leichtem Einschwimmen geht es gegen die Uhr. Ziel ist eine reine Schwimmzeit ohne Pause von bis zu 45 Minuten.

Warm oder kalt?

Die ideale Wassertemperatur für Schwimmsportarten liegt bei 25 °C. Bei dieser Temperatur muss der Körper – neben der Bewegungsenergie – noch ständig Energie zur Wärmeregulation aufbringen. Der Abnehmeffekt wird dadurch verstärkt. Zu kaltes Wasser treibt zwar den Energiehaushalt zur Wärmeregulation noch stärker an, aber die Muskeln könnten sich verhärten. Zu warmes Wasser belastet hingegen das Herz-Kreislauf-System zu sehr.

Wichtiger als die Wassertemperatur ist aber der richtige Schwimmstil. Die Technik sollte immer stimmen, damit die eingesetzte Kraft auch effektiv umgesetzt wird.

Brustschwimmen

Die beliebteste Technik beim Schwimmen ist der Bruststil. Auch wenn er besonders für längere Strecken von den meisten bevorzugt wird, so gilt es auch hier einige Punkte bei Körperhaltung und Rhythmus zu beachten.

Kleine Schwimmhelfer

MINIFLOSSEN

Miniflossen steigern das Krafttraining für die Beine, ohne dass sie den korrekten Beinschlag beeinträchtigen. Die Schwimmgeschwindigkeit wird deutlich erhöht, was zu einer Frequenzsteigerung der Armbewegungen führt.

PADDLES

Handpaddles unterstützen das gezielte Training der Armmuskulatur. Auch sie erhöhen die Geschwindigkeit des Schwimmers. Sie sind besonders für Einsteiger geeignet, weil sie die Schultern entlasten.

▶ Je flacher die Körperlage im Wasser ist, desto geringer ist der Widerstand. Dadurch wird der Kraftaufwand für die Geschwindigkeit und Wegstrecke verringert. Um diese flache Körperlage zu erreichen, müssen Sie die Rumpfmuskulatur immer angespannt halten.

▶ Beinschlag und Armzug erfolgen stets im Wechsel. Sind die Arme gestreckt, werden die Beine zum Po gezogen. Sind die Beine gestreckt, werden die Arme angezogen.

▶ Auch eine falsche Atmung kann den Rhythmus und die Kraftumsetzung stören.

▶ Um die flache Gleitlinie durch die Anspannung der Rumpfmuskulatur effektiv zu nutzen, sollte der Kopf zum Ausatmen ins Wasser tauchen und nur zum Luftholen bis zu den Schultern aus dem Wasser ragen. Während die Arme also gerade vorgestreckt werden, wird ausgeatmet, und während die Arme diagonal nach außen ziehen und dann unter dem Brustkorb zusammengeführt werden, wird eingeatmet.

▶ Bei der Beinbewegung gilt es zu beachten, dass die Fersen bis zum Po gezogen werden, damit mit den angewinkelten Beien eine tretende Bewegung nach hinten ausgeführt werden kann. Halten Sie in der anschließenden Gleitphase die Beine gestreckt.

Kraulen

Die effektivste Art, um gegen den Widerstand des Wassers anzukämpfen, ist der so genannte Freistil, häufig auch Kraulen genannt. Eine möglichst gestreckte Haltung ist wichtig, um Kräfte zu sparen.

- Während der Zugphase des Armes erfolgt eine leichte Körperrotation um die Längsachse. Dabei sollten Sie aber darauf achten, dass Ihr Kopf weder gesenkt noch angehoben ist. Er sollte also immer in der gleichen Höhe gehalten werden. Dies gelingt um so besser, wenn Sie nach beiden Seiten atmen. Am Ende einer Armzugphase drehen Sie Ihren Kopf nach links oder rechts, um Luft zu holen. Nach dem übernächsten Zug erfolgt die Atmung zur anderen Seite.
- Atmen Sie beim Kraulen unter Wasser aus. Atmen Sie immer nur zu einer Seite aus, dann gerät Ihr Körper in eine Schieflage, die mit einem zusätzlichem Kraftaufwand verbunden ist.
- Wichtig beim Kraulen ist auch der Rhythmus. Der zweite Arm taucht erst ins Wasser ein, wenn sich der erste Arm in der Zugphase auf Höhe des Kopfes befindet.
- Die Geschwindigkeit beim Kraulen entsteht überwiegend aus den Armen. Die Beinschläge dienen mehr der Stabilisierung. Die Beine müssen gestreckt sein. Die Kraft kommt dabei nicht aus den Unterschenkeln, sondern – weil das ganze Bein eingesetzt wird – aus dem Gesäß, den Hüften und den Oberschenkeln.
- Bei den Armbewegungen müssen Sie darauf achten, dass Ihre Hand unter Wasser eine s-förmige Bahn durchführt und die Hand bis zur Hüfte durchgezogen wird.

Rückenschwimmen

Beim Rückenschwimmen müssen die Beinschläge kurz und schnell ausgeführt werden, um den nötigen Auftrieb zu erreichen. Halten Sie die Beine daher ausgestreckt. Erst weit hinter dem Kopf geht der Arm ins Wasser. Gleichzeitig taucht der andere Arm neben der Hüfte wieder auf.

▶ Um die Kraft der Arme effektiv umzusetzen, muss der gesamte Körper unterhalb des Schultergürtels Drehungen um die Längsachse vollziehen. Die Gegenschulter zeigt dabei deutlich aus dem Wasser heraus.

▶ Um bei diesen Manövern ein Absacken des Pos zu verhindern, muss die Hüfte bewusst nach oben in die waagerechte Körperlage gedrückt werden.

WASSERSPORT DER BESONDEREN ART

Wassersport als Training für die gesamte Körpermuskulatur und als effektiver Fatburner bei gleichzeitiger Schonung der Gelenke hat zu einem vielfältigen Angebot im Bereich Aqua-Fitness geführt. Einige haben sich auch mit Sportarten vermischt, die auf dem Land ausgeführt werden. Hier nun ein Überblick über die wichtigsten Methoden der Aqua-Fitness:

Aqua-Aerobic

Wer gerne Aerobic betreibt, der ist bei dieser Sportart sehr gut aufgehoben, weil sich das Training sehr an die »Landübungen« anlehnt. Es geht jedoch alles durch den Widerstand des Wassers nur sehr viel langsamer und ohne die Vielzahl der komplizierten Bewegungsabläufe. Deshalb ist dieser Sport gerade für Anfänger geeignet, weil es zu keinen Frusterlebnissen in der Anfangsphase kommt.

Große Beachtung wird beim Aqua-Aerobic dem Training von Bauch, Po und Beinen gewidmet. Da die Durchblutung durch den Außendruck des Wassers angeregt wird, ist Aqua-Aerobic nicht nur ausdauerfördernd, sondern es wirkt zugleich hautstraffend. Daneben erhält der Körper im Wasser – durch die Wasserzirkulation und die Reibung – eine gründliche Hautmassage, die die Blutzirkulation anregt. Der Organismus nimmt verstärkt Sauerstoff auf und die Tätigkeit des Lymphsystems wird erhöht. Überschüssiges Körperwasser und Schlackenstoffe werden so leichter abtransportiert.

Aqua-Ball

Beim Aqua-Ball bestehen die beiden beteiligten Mannschaften aus jeweils vier Spielern, die durch alle möglichen Körperbewegungen versuchen, den Ball ins gegnerische Tor zu werfen. Die Spielzeit beträgt zweimal sieben Minuten. Aqua-Ball macht Spaß und ist darüber hinaus ein enormes Ausdauertraining.

Aqua-Boxing

Immer mehr Menschen begeistern sich für Kampfsportarten – nicht allein wegen des Aspektes der Selbstverteidigung, sondern vor allem wegen der Fitness.

Boxen im Wasser ist die gelenkschonende Variante, bei der es auch zu keinen Verletzungen durch den Gegner kommt. Beim Aqua-Boxen werden zur Steigerung der Ausdauer und der Kraft verschiedene Elemente aus dem Thai-Boxen, dem Hallen-Boxen und dem Aqua-Jogging vermischt. Alle Übungen können sowohl in flachem als auch in tiefem Wasser ausgeführt werden.

Aqua-Jogging

Obwohl das Körpergewicht im Wasser um 85 Prozent verringert ist, ist das Joggen im Wasser nicht weniger anstrengend als die herkömmliche Variante an Land. Der Fettstoffwechsel wird dabei enorm angeregt. So ist diese Wassersportart besonders bei Übergewicht, bei Haltungsschäden und bei Muskelschwäche zu empfehlen. In einer halben Stunde können bis zu 400 Kilokalorien verbrannt werden, weil im Wasser ein um bis zu 40 Prozent erhöhter Kalorienverbrauch besteht. Joggen an Land verbraucht im gleichen Zeitraum nur etwa 200 Kilokalorien. Anfänger joggen in bis brusthohem Wasser, Fortgeschrittene gehen dann zum Tiefwasser-Joggen über.

Aqua-Jogging belastet Bänder, Sehnen und Gelenke kaum. Weitere Vorzüge dieser Sportart: Die Muskeln stehen nicht unter Dauerspannung, sondern unterliegen einem ständigen Wechsel von An- und Entspannung. So werden Herz und Kreislauf optimal trainiert. Zusätzlich werden die Oberkörpermuskeln gestärkt. Aqua-Jogging tut zudem der Seele gut. Stress und Ängst werden abgebaut und die Konzentrationsfähigkeit sowie der Gleichgewichtssinn geübt.

Aqua-Walking

Geh- und Laufbewegungen werden hier in knietiefem Wasser durchgeführt. Besonders geeignet ist Aqua-Walking für ältere Personen, Rheumatiker und Arthrosepatienten. Trainiert wird in der Regel 45 Minuten lang bei einer Wassertemperatur zwischen 30 und 32 °C.

Aqua-Dancing

Neben einzelnen Tanzübungen, die auf spezielle Gelenkfunktionen abgestimmt sind, steht hier der Spaß im Wasser im Vordergrund. Schnelle Rhythmen fordern zum Tanzen in der »Schwerelosigkeit« auf. Dies verbessert nicht nur den Zustand der Gelenke und der Muskeln, sondern vor allem auch die Stimmung.

Aqua-Nia

Hierbei handelt es sich um eine Sportart, die Elemente von Yoga, Kampfsport, Thai-Chi und Tanz beinhaltet. Ziel ist es dabei, Muskeln, Nerven, Körper und Geist wieder in Einklang zu bringen. Die Erfinder dieses Sports, Debbie und Carlos Rosas, sehen ihre – ursprünglich als »Body & Soul-Tanz« an Land – entwickelten Übungen als ganzheitliches Fitnesskonzept. Ziel ist die Erfrischung des Körpers, nicht seine Erschöpfung.

Aqua-Step

Step-Aerobic an Land belastet sehr stark die Gelenke, sodass viele Anhänger inzwischen die Variante im Wasser vorziehen. Aqua-Step ist eine gelungene Verbindung von Herz- und Kreislauftraining und der Stärkung des Bindegewebes. Die unterschiedlichen Schrittfolgen sind eine

Herausforderung an die Körperkoordination und trainieren daneben vor allem die Beine. Da das Körpergleichgewicht stets gehalten werden muss, wird aber auch ein ganzheitlicher Straffungseffekt erzielt.

Hydro-Aqua-Power

Diese Sportart fördert die Kräftigung der Muskulatur des ganzen Körpers. Daneben wirkt sie sehr gut gegen Zellulite. Die einzelnen Übungen werden zwischen 15- und 30-mal wiederholt. Ein Satz bilden meist fünf Übungen die schnell durchgeführt werden. Zur Steigerung der Trainingsintensität kommen Hanteln zum Einsatz.

i

Informationen rund ums Wasser

Hier finden Sie die relevanten Informationen aus den Verordnungen für Mineral-, Tafel- und Trinkwasser. Außerdem sind alle Adressen der Produzenten von Wässern aufgelistet, sodass Sie alle Details über »Ihr« Wasser erfragen können.

Mineral- und Tafelwasser-Verordnung

Im Folgenden finden Sie einen Auszug der allgemeinen Vorschriften der »Mineral- und Tafelwasser-Verordnung«. Mit Hilfe der folgenden Texte können Sie die zulässigen Grenzwerte Ihres Wassers überprüfen.

Begriffsbestimmung

Natürliches Mineralwasser ist Wasser, das folgende besondere Anforderungen erfüllt:

1. Es hat seinen Ursprung in unterirdischen, vor Verunreinigungen geschützten Wasservorkommen und wird aus einer oder mehreren natürlichen oder künstlich erschlossenen Quellen gewonnen.
2. Es ist von ursprünglicher Reinheit und gekennzeichnet durch seinen Gehalt an Mineralien, Spurenelementen oder sonstigen Bestandteilen und gegebenenfalls durch bestimmte, insbesondere ernährungsphysiologische Wirkungen.
3. Seine Zusammensetzung, seine Temperatur und seine übrigen wesentlichen Merkmale bleiben im Rahmen natürlicher Schwankungen konstant; durch Schwankungen in der Schüttung werden sie nicht verändert.

Amtliche Anerkennung

(1) Natürliches Mineralwasser darf gewerbsmäßig nur in den Verkehr gebracht werden, wenn es amtlich anerkannt ist. Die amtliche Anerkennung wird auf Antrag erteilt. Sie setzt voraus, dass die Anforderungen nach § 2 erfüllt sind und dies unter

1. geologischen und hydrologischen,
2. physikalischen, physikalisch-chemischen und chemischen,
3. mikrobiologischen und hygienischen sowie
4. bei Wässern mit weniger als 1000 Milligramm gelöster Mineralstoffe oder weniger als 250 Milligramm freien Kohlendioxids in einem Liter gegebenenfalls zusätzlich unter

ernährungsphysiologischen oder sonstigen Gesichtspunkten mit wissenschaftlich anerkannten Verfahren überprüft worden ist.

…

Mikrobiologische Anforderungen

(1) Natürliches Mineralwasser muss frei sein von Krankheitserregern. Dieses Erfordernis gilt als nicht erfüllt, wenn es in 250 Milliliter Escherichia coli, coliforme Keime, Faekalstreptokokken oder Pseudomonas aeruginosa sowie in 50 Milliliter sulfitreduzierende, sporenbildende Anaerobier enthält.

…

Herstellungsverfahren

(1) Beim Herstellen von natürlichem Mineralwasser dürfen nur folgende Verfahren angewendet werden:
1. Abtrennen unbeständiger Inhaltsstoffe, wie Eisen- und Schwefelverbindungen, durch Filtration oder Dekantation, auch nach Belüftung, sofern die Zusammensetzung des natürlichen Mineralwassers durch dieses Verfahren in seinen wesentlichen, seine Eigenschaften bestimmenden Bestandteilen nicht geändert wird;
2. Abtrennen von Eisen-, Mangan- und Schwefelverbindungen sowie Arsen unter Verwendung von mit Ozon angereicherter Luft, sofern die Zusammensetzung des natürlichen Mineralwassers durch dieses Verfahren in seinen wesentlichen, seine Eigenschaften bestimmenden Bestandteilen nicht geändert wird;
3. vollständiger oder teilweiser Entzug der freien Kohlensäure durch ausschließlich physikalische Verfahren;
4. Versetzen oder Wiederversetzen mit Kohlendioxid.

…

(2) Als **»natürliches kohlensäurehaltiges Mineralwasser«** muss ein Wasser bezeichnet werden, das
1. nach einer etwaigen Dekantation und nach der Abfüllung denselben Gehalt an eigenem Kohlendioxid (Quell-

kohlensäure) wie am Quellaustritt besitzt, auch wenn das im Verlauf dieser Behandlung und unter Berücksichtigung üblicher technischer Toleranzen frei gewordene Kohlendioxid durch eine entsprechende Menge Kohlendioxid desselben Quellvorkommens ersetzt wurde, und

2. unter normalen Druck- und Temperaturverhältnissen von Natur aus oder nach dem Abfüllen spontan und leicht wahrnehmbar Kohlendioxid freisetzt.

(3) Als **»natürliches Mineralwasser mit eigener Quellkohlensäure versetzt«** muss ein Wasser bezeichnet werden, dessen Gehalt an Kohlendioxid, das dem gleichen Quellvorkommen entstammt, nach etwaiger Dekantation und nach der Abfüllung höher ist als am Quellaustritt.

(4) Als **»natürliches Mineralwasser mit Kohlensäure versetzt«** muss ein Wasser bezeichnet werden, das mit Kohlendioxid versetzt wurde, das eine andere Herkunft hat als das Quellvorkommen, aus dem das Wasser stammt.

(5) Natürliches Mineralwasser darf zusätzlich als Säuerling oder Sauerbrunnen oder gleichsinnig nur dann bezeichnet werden, wenn es aus einer natürlichen oder künstlich erschlossenen Quelle stammt, einen natürlichen Kohlendioxidgehalt von mehr als 250 Milligramm in einem Liter Mineralwasser aufweist und, abgesehen von einem etwaigen weiteren Zusatz an Kohlendioxid, keine willkürliche Veränderung erfahren hat. Anstelle der vorgenannten zusätzlichen Bezeichnungen darf auch die Bezeichnung Sprudel für Säuerlinge benutzt werden, die aus einer natürlichen oder künstlich erschlossenen Quelle im Wesentlichen unter natürlichem Kohlensäuredruck hervorsprudeln. Zusätzlich als Sprudel darf auch unter Kohlendioxidzusatz abgefülltes Mineralwasser bezeichnet werden.

(6) Natürliches Mineralwasser, das vor Inkrafttreten dieser Verordnung unter der Bezeichnung Tafelwasser in den Verkehr gebracht worden ist, darf weiterhin zusätzlich so bezeichnet werden.

(7) Natürliches Mineralwasser darf gewerbsmäßig nur in den Verkehr gebracht werden, wenn die Kennzeichnung

zusätzlich zu den durch die Lebensmittel-Kennzeichnungsverordnung vorgeschriebenen Angaben deutlich sichtbar, leicht lesbar und unverwischbar enthält:
1. den Ort der Quellnutzung und den Namen der Quelle;
2. die Angabe der analytischen Zusammensetzung unter Nennung der charakteristischen Bestandteile (Analysenauszug), bei Gehalten von mehr als 1,5 Milligramm Fluorid im Liter den vorhandenen Fluoridgehalt.

…

1. die Angabe »**Dieses Wasser ist einem zugelassenen Oxidationsverfahren mit ozonangereicherter Luft unterzogen worden**« in unmittelbarer Nähe des Analysenauszugs, sofern eine Behandlung mit ozonangereicherter Luft stattgefunden hat;
2. der Hinweis »**Enthält mehr als 1,5 mg/l Fluorid: Für Säuglinge und Kinder unter 7 Jahren nicht zum regelmäßigen Verzehr geeignet**« in unmittelbarer Nähe der Verkehrsbezeichnung, sofern das natürliche Mineralwasser mehr als 1,5 Milligramm Fluorid im Liter enthält;
3. **ein Warnhinweis** in deutscher Sprache, dass es wegen des erhöhten Fluoridgehaltes nur in begrenzten Mengen verzehrt werden darf, sofern der Gehalt an Fluorid 5 Milligramm im Liter übersteigt.

(9) Abweichend von § 3 Abs. 1 der Lebensmittel-Kennzeichnungsverordnung braucht bei natürlichem Mineralwasser, das mit Kohlensäure versetzt ist, das Kohlendioxid nicht im Verzeichnis der Zutaten angegeben zu werden, wenn auf die zugesetzte Kohlensäure in der Verkehrsbezeichnung hingewiesen wird.

…

Quellwasser, Tafelwasser

Begriffsbestimmungen

(1) Quellwasser ist Wasser, das
1. seinen Ursprung in unterirdischen Wasservorkommen

hat und aus einer oder mehreren natürlichen oder künstlich erschlossenen Quellen gewonnen worden ist,

...

(2) Tafelwasser ist Wasser, das eine oder mehrere erfasster Zutaten (siehe Herstellung) enthält.

Herstellung

(1) Zur Herstellung von Tafelwasser dürfen außer Trinkwasser und natürlichem Mineralwasser nur verwendet werden:

1. Natürliches salzreiches Wasser (Natursole) oder durch Wasserentzug im Gehalt an Salzen angereichertes natürliches Mineralwasser,
2. Meerwasser,
3. Natriumchlorid,

...

Kennzeichnung

Bei Tafelwasser, das mindestens 570 Milligramm Natriumhydrogencarbonat in einem Liter sowie Kohlendioxid enthält, kann die Verkehrsbezeichnung »Tafelwasser« durch »Sodawasser« ersetzt werden.

(2) Für Quellwasser und Tafelwasser, die mit Kohlendioxid versetzt wurden, darf die Verkehrsbezeichnung durch einen Hinweis hierauf ergänzt werden.

...

... **Quellwasser mit einem Hinweis auf eine Eignung für die Säuglingsernährung** darf gewerbsmäßig nur in den Verkehr gebracht werden, wenn der Gehalt an Sulfat 240 Milligramm, an Natrium 20 Milligramm, an Nitrat 10 Milligramm, an Fluorid 0,7 Milligramm, an Mangan 0,05 Milligramm, an Nitrit 0,02 Milligramm, an Arsen 0,005 Milligramm in einem Liter nicht überschreitet

...

Darüber hinaus darf die Aktivitätskonzentration von Radium-226 den Wert 125 Milli-Becquerel in einem Liter und von Radium-228 den Wert 20 Milli-Becquerel in einem Liter nicht überschreiten. Sind beide Radionuklide enthalten, darf die Summe der Aktivitätskonzentrationen, ausgedrückt in Vonhundertteilen der zulässigen Höchstkonzentration, 100 nicht überschreiten.

…

Höchstgehalte für Rückstände

Durch die Behandlung natürlicher Mineralwässer und Quellwässer mit ozonangereicherter Luft Rückstände der Behandlung Höchstgehalte
(in µg/l)
Gelöstes Ozon 50
Bromate 3
Bromoforme 1
…

Höchstgehalte an natürlich vorkommenden Bestandteilen in natürlichem Mineralwasser (mg/l)

(Erste Zahl ab 01. 01. 2006 /zweite Zahl ab 01. 01. 2008)
1 Antimon 0,0050 / 0,0050
2 Arsen 0,010 (insgesamt) / 0,010 (insgesamt)
3 Barium 1,0 / 1,0
4 Blei 0,010 / 0,010
5 Borat 30 / 30
6 Chrom 0,050 / 0,050
7 Fluorid 5,0 / 5,0
8 Kadmium 0,003 / 0,003
9 Kupfer 1,0 / 1,0
10 Mangan 0,50 / 0,50
11 Nickel 0,05 / 0,020
12 Nitrat 50 / 50
13 Nitrit 0,1 / 0,1
14 Quecksilber 0,0010 / 0,0010
15 Selen 0,010 / 0,010
16 Zyanid 0,070 / 0,070

Angaben Anforderungen

- Mit geringem Gehalt an Mineralien

Der als fester Rückstand berechnete Mineralstoffgehalt beträgt nicht mehr als 500 mg/l.

- Mit sehr geringem Gehalt an Mineralien

Der als fester Rückstand berechnete Mineralstoffgehalt beträgt nicht mehr als 50 mg/l.

- Mit hohem Gehalt an Mineralien

Der als fester Rückstand berechnete Mineralstoffgehalt beträgt mehr als 1500 mg/l .

- Bicarbonathaltig

Der Hydrogencarbonatgehalt beträgt mehr als 600 mg/l.

- Sulfathaltig

Der Sulfatgehalt beträgt mehr als 200 mg/l.

- Chloridhaltig

Der Chloridgehalt beträgt mehr als 200 mg/l.

- Calciumhaltig

Der Calciumgehalt beträgt mehr als 150 mg/l.

- Magnesiumhaltig

Der Magnesiumgehalt beträgt mehr als 50 mg/l.

- Fluoridhaltig

Der Fluoridgehalt beträgt mehr als 1 mg/l.

- Eisenhaltig

Der Gehalt an zweiwertigem Eisen beträgt mehr als 1 mg/l.

- Natriumhaltig

Der Natriumgehalt beträgt mehr als 200 mg/l.

TRINKWASSERVERORDNUNG

Mit Hilfe dieses Auszuges der amtlichen Trinkwasserverordnung (TrinkwV) können Sie die zulässigen Grenzwerte Ihres Leitungswassers überprüfen.

Grenzwerte nach der TrinkwV 2001

Mikrobiologische Parameter (Anzahl/100 ml)

Escherichia coli (E. coli) 0

Enterokokken 0

Coliforme Bakterien 0

Chemische Parameter Teil I (mg/l) Anlage 2 TrinkwV

Benzol 0,001
Bor 1
Chrom 0,05
Cyanid 0,05
1,2-Dichlorethan 0,003
Fluorid 1,5
Nitrat 50
Pflanzenschutzmittel und Biozidprodukte (als Einzelstoff) 0,0001
Pflanzenschutzmittel und Biozidprodukte insgesamt 0,0005
Quecksilber 0,001
Selen 0,01
Tetrachlorethen und Trichlorethen 0,01

Chemische Parameter Teil II (mg/l) Anlage 2 TrinkwV

Antimon 0,005
Arsen 0,01
Benzo-(a)-pyren 0,00001
Blei 0,01
Cadmium 0,005
Epichlorhydrin 0,0001
Kupfer 2
Nickel 0,02
Nitrit 0,1 bzw. 0,5 (Wasserwerksausgang/Versorgungsnetz)
Polyzyklische aromatische Kohlenwasserstoffe 0,0001
Trihalogenmethane 0,05
Vinylchlorid 0,0005

Indikatorparameter Anlage 3 TrinkwV

Aluminium (mg/l) 0,2
Ammonium (mg/l) 0,5
Chlorid (mg/l) 250
Eisen (mg/l) 0,2

...
Koloniezahl bei 22 °C (KBE/ml) 100
Koloniezahl bei 36 °C (KBE/ml) 100
Elektrische Leitfähigkeit (µS/cm) 2500 bei 20 °C
Mangan (mg/l) 0,05
Natrium (mg/l) 200
...
Sulfat (mg/l) 240
Trübung (NTU)1
Wasserstoffionen-Konzentration (pH-Wert) > 6,5 und< 9,5

Routinemäßige Untersuchungen Anlage 4 TrinkwV

Coliforme Keime (MPN/100ml) 0
E.coli (MPN/100ml) 0
freies Chlor (mg/l) 0,3

Abkürzungen zur Mineral- und Trinkwasserverordnung

KBE = Kolonien bildende Einheiten (Parameter zur quantitativen Erfassung von Mikroorganismen)
mg = Milligramm
mg = Milliliter
MPN = Most Probable Number (Keimzahlbestimmung)
NTU = Nephelometric Turbidity Units (Kalibriereinheit für Trübungsmessungen)
µS = Mikro-Siemens (Einheit des elektrischen Leitwerts)
µg = ein Millionstel Gramm

Adressen der Wasserproduzenten

Die folgenden Wasserproduzenten wurden nach der Art des hergestellen Wassers aufgeteilt: Heilwasser, Mineralwasser sowie Tafel- und Quellwasser. Die Adressen sind nach Postleitzahlen geordnet (für die Vollständigkeit und die Richtigkeit kann keine Gewähr übernommen werden).

Über diese Adressen können Sie nähere Informationen – auch über den Radioaktivitätsgehalt Ihres bevorzugten Wassers – einholen.

Heilwässer

- Bad Lauchstädter Heil- und Mineralbrunnen GmbH
  Querfurter Str. 11–13, 06246 Bad Lauchstädt
  Tel.: (03 46 35) 2 02 16
  Fax: (03 46 35) 2 02 17
  info@lauchstaedter-heilbrunnen.de
  www.lauchstaedter-heilbrunnen.de

- Bad Driburger Naturparkquellen GmbH & Co KG
  Gräfin-Margarete-Allee 1, 33014 Bad Driburg
  Tel.: (0 52 53) 95 27-40
  Fax: (0 52 53) 95 27-27
  bdb@ugos-bad-driburg.de
  www.bad-driburg.de

- Heil- und Mineralquellen Germete GmbH
  An Brunnen 9, 34414 Warburg
  Tel.: (0 56 41) 78 75-0
  Fax: (0 56 41) 78 75-50
  info@germeta.de; www.germeta.de

- Aachener Thermalwasser Kaiserbrunnen AG
  Jülicher Str. 121, 52070 Aachen
  Tel.: (02 41) 9 18 11-0
  Fax: (0241) 9 18 11-88
  info@kaiserbrunnen.com
  www.kaiserbrunnen.com

- Artus Mineralquellen GmbH
  Im Strang 40, POB 0341, 53553 Bad Hönningen
  Tel.: (0 26 35) 966-0
  Fax: (0 26 35) 966-135
  info@artus-mineralquellen.de
  www.artus-mineralquellen.de

- Gerolsteiner Brunnen GmbH & Co KG
  Vulkanring, 54568 Gerolstein
  Tel.: (0 65 91) 14-0
  Fax: (0 65 91) 14-202
  zentrale@gerolsteiner.com; www.gerolsteiner.com

- Blaue Quellen Mineral- und Heilbrunnen AG
  Brunnenstr. 2–8, 56321 Rhens
  Tel.: (0 26 28) 66-0
  Fax: (0 26 28) 66-181
  verbraucherservice@de.nestle.com; www.nestle.de

- Brohler Mineral- und Heilbrunnen GmbH
  Koblenzer Str. 71-73, 56656 Brohl-Lützing
  Tel.: (0 26 33) 293-0
  Fax: (0 26 33) 293-43
  info@brohler.de; www.brohler.de

- Privatbrunnen Tönissteiner Sprudel
  Dr. C. Kerstiens GmbH
  Heilbrunnen, 56656 Brohl-Lützing
  Tel.: (0 26 33) 423-0
  Fax: (0 26 33) 423-160
  info@toenissteiner.de; www.toenissteiner.de

- Fachingen Heil- und Mineralbrunnen GmbH
  Brunnenstr. 11, 65626 Fachingen
  Tel.: (0 64 32) 9 834-0
  Fax: (0 64 32) 9 834-99
  info@fachingen.de; www.fachingen.de

- Peterstaler Mineralquellen GmbH
  Renchtalstr. 36, 77740 Bad Peterstal-Griesbach
  Tel.: (0 78 06) 987-0
  Fax: (0 78 06) 987-116
  info@peterstaler.de; www.peterstaler.de

- Freyersbacher Mineralquellen Zweigbetrieb der
  Brunnen-Union St. Christophorus GmbH
  Renchtalstr. 40, 77740 Bad Peterstal-Griesbach
  Tel.: (0 78 06) 98 99-0
  Fax: (0 78 06) 98 99-50
  www.freyersbacher.de

- Franken Brunnen GmbH & Co KG
  Bamberger Str. 90, 91413 Neustadt
  Tel.: (0 91 61) 789-0
  Fax: (0 91 61) 789-166
  info@frankenbrunnen.de; www.frankenbrunnen.de

- Staatliche Mineralbrunnen AG
  Amand-von-Buseck-Str. 2, POB 1166,
  97763 Bad Brückenau
  Tel.: (0 97 41) 803-0
  Fax: (0 97 41) 803-130
  info@badbrueckenauer.de; www.badbrueckenauer.de

Mineralwasser

- Margon Brunnen GmbH
  Burkhardswalde, 01809 Müglitztal
  Tel.: (03 50 27) 7-0
  Fax: (03 50 27) 7-103
  info@margon.de; www.margon.de

- Franken Brunnen GmbH & Co KG
  An den Quellen 1, 04838 Eilenburg
  Tel.: (0 34 23) 68 17-0
  Fax: (0 34 23) 68 17-64

info@frankenbrunnen.de;
www.frankenbrunnen.de

- Mineralquellen Bad Liebenwerda GmbH
  Am Brunnenpark 1-4, 04924 Bad Liebenwerda
  Tel.: (03 53 41) 98-0
  Fax: (03 53 41) 10437
  kuhl@mineralquelle.de; www.mineralquelle.de

- Bad Lauchstädter Heil- und Mineralbrunnen GmbH
  Querfurter Str. 11-13, 06246 Bad Lauchstädt
  Tel.: (03 46 35) 2 02 16
  Fax: (03 46 35) 2 02 17
  info@lauchstaedter-heilbrunnen.de
  www.lauchstaedter-heilbrunnen.de

- Glockengold Fruchsaft GmbH
  Hirschrodaer Str. 13, 06636 Laucha
  Tel.: (03 44 62) 6 03 20
  Fax: (03 44 62) 6 03 29
  info@glockengold.de; www.glockengold.de

- Leisslinger Mineralbrunnen GmbH
  Winterlaite 8, 06667 Leißling
  Tel.: (0 34 43) 891-0
  Fax: (0 34 43) 891-260
  info@meg-gruppe.de; www.leisslinger.de

- Himmelsberger Mineralbrunnen GmbH
  Rehainer Str. 11, POB 45, 06914 Jessen
  Tel.: (0 35 37) 2 78 30
  Fax: (0 35 37) 21 31 05
  www.himmelsberger.de

- Rosenbrauerei Pößneck GmbH
  Dr.-Wilhelm-Külz-Str. 41, 07381 Pößneck
  Tel.: (0 36 47) 41 09-0

Fax: (0 36 47) 41 09-351
info@rosenbrauerei.de; www.rosenbrauerei.de

- Spreequell Mineralbrunnen GmbH
  Indira-Gandhi-Str. 25, 13088 Berlin
  Tel.: (030) 9 27 98-0
  Fax: (030) 9 27 98-120
  info@spreequell.de; www.spreequell.de

- Brandenburgische Mineralquelle GmbH & Co KG
  Nordbahnstr. 6, 16775 Grüneberg
  Tel.: (03 30 94) 8 07 01
  Fax: (03 30 94) 8 07 07

- Glashäger Brunnen GmbH
  Schwaaner Chaussee 1, 18209 Bad Doberan
  Tel.: (03 82 03) 700-0
  Fax: (03 82 03) 6 21 52
  info@glashaeger.de; www.glashaeger.de

- Fruchtquell Getränkeindustrie GmbH & Co KG
  Kogeler Weg 16, 19243 Dodow
  Tel.: (03 88 52) 99-0
  Fax: (03 88 25) 99-139
  info@fruchtquell.de; www.fruchtquell.de

- Apollinaris & Schweppes GmbH & Co
  Grüner Deich 15, 20097 Hamburg
  Tel.: (040) 3 00 54-0
  Fax: (040) 3 00 54-499
  info@apollinaris.de; www.apollinaris.de

- DOHRN & TIMM GmbH & Co KG
  Klopstockstr. 4, 22765 Hamburg
  Tel.: (040) 3 803 00-0
  Fax: (040) 38 03 00-39
  vertrieb@dohrn-und-timm.de; www.dohrn-timm.de

- Vilsa-Brunnen O. Rodekohr GmbH & Co KG
  Alte Drift 1, POB 1240, 27301 Bruchhausen-Vilsen
  Tel.: (0 42 52) 392-0
  Fax: (0 42 52) 392-270
  info@vilsa.de; www.vilsa.de

- Bad Driburger Naturparkquellen GmbH & Co KG
  Gräfin-Margarete-Allee 1, 33014 Bad Driburg
  Tel.: (0 52 53) 95 27-40
  Fax: (0 52 53) 95 27-27
  bdb@ugos-bad-driburg.de; www.bad-driburg.de

- Gehring-Bunte Getränkeindustrie GmbH & Co
  Gottlieb-Daimler-Str. 26, 33334 Gütersloh
  Tel.: (0 52 41) 602-0
  Fax: (0 52 41) 602-100
  info@gehring-bunte.de; www.christinen-brunnen.de

- Heil- und Mineralquellen Germete GmbH
  An Brunnen 9, 34414 Warburg
  Tel.: (0 56 41) 78 75-0
  Fax: (0 56 41) 78 75-50
  info@germeta.de; www.germeta.de

- Förstina-Sprudel Mineral- und Heilquelle
  Ehrhardt & Sohn GmbH & Co
  Rhönstr. 42-52, 36124 Eichenzell
  Tel.: (0 66 56) 57-0
  Fax: (0 66 56) 57-50
  info@foerstina-sprudel.de, www.foerstina-sprudel.de

- MineralBrunnen RhönSprudel
  Egon Schindel GmbH
  Weikardshof 2, 36157 Ebersburg
  Tel.: (0 66 56) 58-0
  Fax: (0 66 56) 58-159
  info@rhoensprudel.de; www.rhoensprudel.de

- Harzer Mineralquelle Blankenburg GmbH
  Am Hasenwinkel 3, POB 49,
  38881 Blankenburg
  Tel.: (0 39 44) 95 49-0
  Fax: (0 39 44) 95 49-15
  info@blankenburger-wiesenquelle.de
  www.blankenburger-wiesenquelle.de

- Brau und Brunnen AG
  Rheinische Str. 2, 44137 Dortmund
  Tel.: (02 31) 18 17-0
  Fax: (02 31) 18 17-300
  info@bubag.de; www.brauundbrunnen.de

- Römerwall Naturbrunnen und
  Getränke GmbH & Co KG
  Römerstr. 109, 47179 Duisburg
  Tel.: (02 03) 99 19-0
  Fax: (02 03) 99 19-210
  www.mineralquellen-hoevelmann.de

- RheinfelsQuellen
  H. Hövelmann GmbH & Co KG
  Römerstr. 109, 47179 Duisburg
  Tel.: (02 03) 99 19-0
  Fax: (02 03) 99 19-210
  info@rheinfelsquellen.de; www.rheinfelsquellen.de

- Aachener Thermalwasser Kaiserbrunnen AG
  Jülicher Str. 121, 52070 Aachen
  Tel.: (02 41) 9 18 11-0
  Fax: (02 41) 9 18 11-88
  info@kaiserbrunnen.com; www.kaiserbrunnen.com

- Sinziger Mineralbrunnen GmbH
  Bodendorfer Str. 4, POB 1449, 53478 Sinzig
  Tel.: (0 26 42) 40 06-0

Fax: (0 26 42) 40 06-39
info@sinziger.de; www.sinziger.de

- Gerolsteiner Brunnen GmbH & Co KG
  Vulkanring, 54568 Gerolstein
  Tel.: (0 65 91) 14-0
  Fax: (0 65 91) 14-202
  gerolsteiner.brunnen@gerolsteiner.com
  www.gerolsteiner.com

- Sanpellegrino Deutschland GmbH
  Wilhelm-Theodor-Römheld-Str. 14, 55130 Mainz
  Tel.: (0 61 31) 8 10 23
  Fax: (0 61 31) 89 11 45
  info@sanpellegrino.de; www.sanpellegrino.de

- Blaue Quellen Mineral- und Heilbrunnen AG
  Brunnenstr. 2-8, 56321 Rhens
  Tel.: (0 26 28) 66-0
  Fax: (0 26 28) 66-181
  verbraucherservice@de.nestle.com; www.nestle.de

- Brohler Mineral- und Heilbrunnen GmbH
  Koblenzer Str. 71-73, 56656 Brohl-Lützing
  Tel.: (0 26 33) 293-0
  Fax: (0 26 33) 293-43
  info@brohler.de; www.brohler.de

- Privatbrunnen Tönissteiner Sprudel
  Dr. C. Kerstiens GmbH
  Heilbrunnen, 56656 Brohl-Lützing
  Tel.: (0 26 33) 423-0
  Fax: (0 26 33) 423-160
  info@toenissteiner.de; www.toenissteiner.de

- Brohltaler Mineralquellen GmbH & Co KG
  Brohltalstr. 2, POB 207, 56657 Burgbrohl

Tel.: (0 26 36) 920-100
Fax: (0 26 36) 920-116

- Rhodius Mineralquellen und
  Getränke GmbH & Co KG
  Brohltalstr. 2, POB 207, 56657 Burgbrohl
  Tel.: (0 26 36) 920-100
  Fax: (0 26 36) 920-116
  rmq@rhodius.de; www.rhodius.de

- REGINARIS Mineralquellen Mendig GmbH & Co KG
  Reginarisbrunnen 1, POB 1254, 56738 Mendig
  Tel.: (0 26 52) 5 81-0
  Fax: (0 26 52) 5 81-39
  info@reginaris.de; www.reginaris.de

- Potts Brauerei GmbH
  In der Geist 120, 59302 Oelde
  Tel.: (0 25 22) 93 32-0
  Fax: (0 25 22) 93 32-280
  potts@t-online.de; www.potts.de

- Radeberger Gruppe AG
  Darmstädter Landstr. 185, 60598 Frankfurt/Main
  Tel.: (069) 60 65-0
  Fax: (069) 60 65-209
  info@radeberger-gruppe.de; www.radeberger-gruppe.de

- Hassia Mineralquellen GmbH & Co KG
  Gießener Str. 18–30, POB 1160, 61101 Bad Vilbel
  Tel.: (0 61 01) 403-0
  Fax: (0 61 01) 71 40
  info@hassia.com; www.hassia.com

- Fachingen Heil- und Mineralbrunnen GmbH
  Brunnenstr. 11, 65626 Fachingen
  Tel.: (0 64 32) 98 34-0

Fax: (0 64 32) 98 34-99
info@fachingen.de; www.fachingen.de

- Ensinger Mineral-Heilquellen GmbH
  Horrheimer Str. 28-36, 71665 Vaihingen
  Tel.: (0 70 42) 28 09-0
  Fax: (0 70 42) 28 09-399
  info@ensinger.de; www.ensinger.de

- Imnauer Fürstenquellen GmbH
  Badstr. 30, 72401 Haigerloch
  Tel.: (0 70 74) 95 27-0
  Fax: (0 70 74) 95 27-11
  fuerstenquellen@t-online.de; www.fuerstenquellen.de

- Mineralbrunnen Überkingen-Teinach AG
  Hauptverwaltung
  Bahnhofstr. 15, 73337 Bad Überkingen
  Tel.: (0 73 31) 201-0
  Fax: (0 73 31) 201-400
  info@afri-cola.de; www.afri-cola.de

- Park & Bellheimer AG
  Karl-Silbernagel-Str. 20-22, 76756 Bellheim
  Tel.: (0 72 72) 701-0
  Fax: (0 72 72) 701-177
  info@park-bellheimer.de; www.park-bellheimer.de

- Peterstaler Mineralquellen GmbH
  Renchtalstr. 36, 77740 Bad Peterstal-Griesbach
  Tel.: (0 78 06) 987-0
  Fax: (0 78 06) 987-116
  info@peterstaler.de; www.peterstaler.de

- Freyersbacher Mineralquellen Zweigbetrieb der
  Brunnen-Union St. Christophorus GmbH
  Renchtalstr. 40, 77740 Bad Peterstal-Griesbach

Tel.: (0 78 06) 98 99-0
Fax: (0 78 06) 98 99-50
www.freyersbacher.de

- Siegsdorfer Petrusquelle GmbH
  Höpflinger Weg 8, 83313 Siegsdorf
  Tel.: (0 86 62) 66 01-0
  Fax: (0 86 62) 66 01-40
  info@petrusquelle.de; www.petrusquelle.de

- Nordbräu Ingolstadt GmbH & Co KG
  Gutsstr. 5, 85055 Ingolstadt
  Tel.: (08 41) 9 55 96-0
  Fax: (08 41) 9 55 96-40
  info@nordbraeu.de; www.nordbraeu.de

- Brauerei Riegele
  Frölichstr. 26, POB 102244, 86012 Augsburg
  Tel.: (08 21) 32 09-0
  Fax: (08 21) 32 09-80
  info@riegele.de; www.riegele.de

- Postbräu Thannhausen
  Theodor Schreiegg GmbH & Co
  Schreieggstr. 4-8, POB 1169, 86466 Thannhausen
  Tel.: (0 82 81) 905-0
  Fax: (0 82 81) 905-99
  info@postbraeu.de; www.postbraeu.de

- Allgäuer Alpenwasser AG
  Salzstr. 52, 87534 Oberstaufen
  Tel.: (0 83 25) 444
  Fax: (0 83 25) 447
  kontakt@alpenwasser.de; www.alpenwasser.de

- Brunnenverwaltung Bad Dietenbronn GmbH
  Dietenbronn 10, 88477 Schwendi

Tel.: (0 73 53) 98 36-0
Fax: (0 73 53) 98 36-66
info@dietenbronner.de; www.dietenbronner.de

- Franken Brunnen GmbH & Co KG
  Bamberger Str. 90, 91413 Neustadt
  Tel.: (0 91 61) 789-0
  Fax: (0 91 61) 789-166
  info@frankenbrunnen.de
  www.frankenbrunnen.de

- Neumarkter Lammsbräu Gebr. Ehrnsperger eK
  Amberger Str. 1, 92318 Neumarkt
  Tel.: (0 91 81) 404-0
  Fax: (0 91 81) 404-49
  info@lammsbraeu.de; www.lammsbraeu.de

- Frankenwald Mineralbrunnen Getränke GmbH & Co KG
  Humboldtstr. 1, 95119 Naila
  Tel.: (0 92 88) 97 28-0
  Fax: (0 92 88) 97 28-10
  frankenwald-naila@t-online.de

- Brunnenverwaltung König Otto-Bad Vertriebsgesellschaft mbH
  König Otto-Bad 1-5, POB 1152, 95672 Wiesau
  Tel.: (0 96 34) 92 34-0
  Fax: (0 96 34) 92 34-30
  verwaltung@koenig-otto-sprudel.de
  www.koenig-otto-sprudel.de

- Hessberger Brau und Brunnen GmbH
  Brauereistr. 2, 98669 Veilsdorf
  Tel.: (0 36 85) 79 38-0
  Fax: (0 36 85) 79 38-16
  hessberger-brau-brunnen@t-online.de

- Staatliche Mineralbrunnen AG
  Amand-von-Buseck-Str. 2, POB 1166,
  97763 Bad Brückenau
  Tel.: (0 97 41) 803-0
  Fax: (0 97 41) 803-130
  info@badbrueckenauer.de
  www.badbrueckenauer.de

- Thüringer Waldquell Mineralbrunnen GmbH
  Kasseler Str. 76, 98574 Schmalkalden
  Tel.: (0 36 83) 680-0
  Fax: (0 36 83) 680-298
  www.vita-cola.de; www.twq.de

Tafel- und Quellwasser

- Bürgerliches Brauhaus Saalfeld GmbH
  Pößnecker Str. 55, 07318 Saalfeld
  Tel.: (0 36 71) 67 36-0
  Fax: (0 36 71) 67 36-40
  info@brauhaus-saalfeld.de; www.brauhaus-saalfeld.de

- Spreequell Mineralbrunnen GmbH
  Indira-Gandhi-Str. 25, 13088 Berlin
  Tel.: (030) 9 27 98-0
  Fax: (030) 9 27 98-120
  info@spreequell.de; www.spreequell.de

- Lauterbacher Burgbrauerei GmbH
  Cent 8, POB 19, 36331 Lauterbach
  Tel.: (0 66 41) 180-0
  Fax: (0 66 41) 180-90
  www.lauterbacher-auerhahn.de

- S + M Druckgasbehälter GmbH
  Ückendorfer Str. 2, 45886 Gelsenkirchen
  Tel.: (02 09) 27 43 33
  Fax: (02 09) 20 55 28

- Potts Brauerei GmbH
  In der Geist 120, 59302 Oelde
  Tel.: (0 25 22) 93 32-0
  Fax: (0 25 22) 93 32-280
  potts@t-online.de; www.potts.de

- Postbräu Thannhausen
  Theodor Schreiegg GmbH & Co
  Schreieggstr. 4-8, POB 1169, 86466 Thannhausen
  Tel.: (0 82 81) 905-0
  Fax: (0 82 81) 905-99
  info@postbraeu.de; www.postbraeu.de

- Allgäuer Alpenwasser AG
  Salzstr. 52, 87534 Oberstaufen
  Tel.: (0 83 25) 444
  Fax: (0 83 25) 447
  kontakt@alpenwasser.de; www.alpenwasser.de

- Postbrauerei Weiler u. Siebers-Quelle
  Anton Zinth KG
  Käsgasse 17, 88171 Weiler-Simmerberg
  Tel.: (0 83 87) 92 10-0
  Fax: (0 83 87) 92 10-70
  info@post-brauerei.de; www.post-brauerei.de

- Rottaler Fruchtsaft eG
  Simbacher Str. 26, 94094 Rotthalmünster
  Tel.: (0 85 33) 205-0
  Fax: (0 85 33) 205-33
  info@rottaler.de; www.rottaler.de

- Kulmbacher Brauerei AG
  Lichtenfelser Str. 9, POB 1860, 95310 Kulmbach
  Tel.: (0 92 21) 705-0
  Fax: (0 92 21) 705-292
  info@kulmbacher.de; www.kulmbacher.de

Literaturempfehlungen

Adam, Cornelia/Keller, Jutta: Urkraft Wasser, München 1998
Amthor, Silke: Aquafitness, München 2002
Batmanghelidj, Faridun: Sie sind nicht krank, Sie sind durstig, Kirchzarten 2003
Batmanghelidj, Faridun: Wasser, die gesunde Lösung, Kirchzarten 2002
Dargatz, Throsten/Koch, Andrea: Aqua Fitness, München 2002
Emoto, Masaru: Die Antwort des Wassers, Burgrain 2002
Emoto, Masaru: Die Antwort des Wassers, Band 2, Burgrain 2003
Emoto, Masaru: Die Botschaft des Wassers, Burgrain 2002
Emoto, Masaru: Wasserkristalle, Burgrain 2001
Engelmann, Robert/Dye, Bonnie/LeRoy, Pamela: Mensch, Wasser!, Stuttgart 2000
Exel, Wolfgang/Rohrer, Karin: Wasser heilt!, Buchloe 2002
Hendel, Barbara/Ferreira, Peter: Wasser & Salz – Urquell des Lebens, Baar 2001
Hendel, Barbara: Wasser & Salz, Baar 2003
Hendel, Barbara: Wasser vom Reinsten, Baar 2003
Heßmann-Kosaris, Anita: Wasser ist die beste Medizin, München 1998
Merten, Michaela: Wasser – Die Glücksformel für Schönheit und Gesundheit, München 2004
Oberbeil, Klaus: Schlankheitsformel Wasser, München 2004
Ryrie, Charlie: Heilende Energie des Wassers, Stuttgart 1999
Walterskrichen, Helene: Aqua Wellness, München 1998
Zacker, Christina: Vitalkur für den Körper, München 1999

Neu in der Reihe »Taschenpraxis«

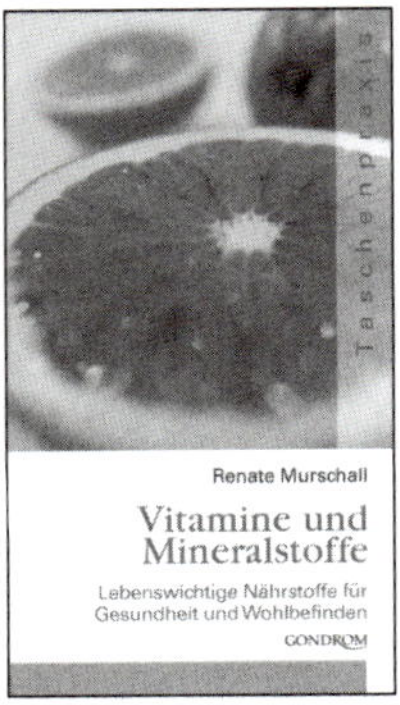

Renate Murschall

Vitamine und Mineralstoffe

Lebenswichtige Nährstoffe für Gesundheit und Wohlbefinden

160 Seiten, Flexcover
ISBN-10: 3-8112-2740-8
ISBN-13: 978-3-8112-2740-8

Ralf Meier

Cholesterin

Blutfettwerte natürlich regulieren

160 Seiten, Flexcover
ISBN-10: 3-8112-2741-6
ISBN-13: 978-3-8112-2742-5

Katrin Koelle

Säure-Basen-Balance

Natürlich gesund durch ausgeglichenen Stoffwechsel

144 Seiten, Flexcover
ISBN-10: 3-8112-2743-2
ISBN-13: 978-3-8112-2743-9